Das Leben kann ein Arschloch sein!

Eine semispirituelle Anleitung für ein glückliches Leben

Für meinen Lebenspartner Brian,
meine wundervollen Söhne Kai, Hagen und
Erik
und meine Seelenschwester Ulli.
Ich liebe Euch

Bibliografische Information der Deutschen Nationalbibliothek: Die Deutsche Nationalbibliothek verzeichnet diese Publikation in der Deutschen Nationalbibliografie; detaillierte bibliografische Daten sind im Internet über dnb.dnb.de abrufbar.

Herstellung und Verlag:
BoD – Books on Demand, Norderstedt

ISBN: 9783748183556

Inhaltsverzeichnis

Prolog

Schaut man sich auf dem Markt für esoterische / spirituelle Bücher um, so findet man eine Vielzahl verschiedener Bücher zu diesem Thema. Warum also ein weiteres hinzufügen? Was hat dieses Buch was andere Bücher in diesem Gebiet nicht haben?

„Das Leben kann ein Arschloch sein" vereint ein schlüssiges Weltbild mit unterstützenden Maßnahmen zur Selbstheilung und Selbstfindung sowie persönlichen Beispielen zum besseren Verständnis und ergibt somit ein Handbuch für ein erfülltes und glückliches Leben.

Als ich vor vielen Jahren mit dem schwierigen Thema der Depression konfrontiert war wusste ich, wie so viele Betroffene, erst einmal keinen Ausweg, bis ich diverse Bücher zum Thema Esoterik, Lebenshilfe und Spiritualität zu lesen begann. Wie bereits erwähnt ist der Markt voll davon, viele haben mir sehr geholfen, andere wiederum gar nicht, denn obwohl ich ein sehr spiritueller Mensch bin brauche ich ein schlüssiges Weltbild, das für mich einen Sinn ergibt. Des Weiteren bin ich ein eher praktischer Mensch, sodass zum Beispiel ausschweifende Rituale und esoterische Anschaffungen aller Art nicht für mich in Frage kamen.

Dass der Weg aus der Krise nicht einfach ist, war klar, aber möglichst unkompliziert sollte er sein und vor allem gangbar. Nach sehr viel Literatur und dem Testen verschiedener Methoden entstand oben angesprochene Mischung aus Weltbild und Werkzeugen.

Der erste Teil des Buches befasst sich mit den sieben Hermetischen Prinzipien, die erklären warum wir Menschen hier auf diesem Planeten sind und wie das Leben funktioniert. Das Wissen hieraus entstammt aus dem Buch „Das Kybalion", das die Weisheiten des Hermes Trismegistos widergibt. Der Legende nach kam dieser als Götterbote auf die Erde um einem auserwählten Teil der Menschheit dieses Wissen anzuvertrauen, welches dann über Generationen hinweg mündlich weitergetragen wurde.

Wenn jemand ein Leben lang in die falsche Richtung läuft, muss er erst einmal an den Ausgangspunkt zurückfinden, um dann von vorne anfangen zu können. Mit der Bewerkstelligung dieses Rückwegs befasst sich der zweite Teil des Buches. Hier wird erläutert wie man erkennt, welcher Weg der richtige ist und was das Universum alles in Bewegung setzt um hier zu unterstützen und richtungsweisend zur Seite zu stehen.

Viele Weltbilder und Religionen verwenden viele verschiedene Begriffe. Da dieses Konzept religionsübergreifend einsetzbar ist, habe ich darauf verzichtet mich auf einen Überbegriff für die höhere Macht, die alles erschaffen hat, festzulegen. Vielmehr verwende ich verschiedene Begriffe, wie beispielsweise Universum, Quelle und Gott. Sie beziehen sich alle auf die ein und dieselbe Macht, die Schöpfung oder unseren Ursprung. Sie bezeichnen die Energie, aus der wir stammen und zu der wir, nach unserem irdischen Leben, wieder zurückkehren.

Abschließend beende ich alle Kapitel dieses Buches, abgesehen von dem „Ausgangspunkt" mit einem Beispiel aus meinem Leben, das dem Verständnis dient und der Verinnerlichung des entsprechenden Themas.

Dieses Buch ist keines zum einmaligen Lesen, sondern vielmehr ein kleines Nachschlagewerk. Eine praktische Anleitung für den Lebensalltag, indem immer wieder geblättert werden sollte, denn sich all diese Dinge auf einmal anzueignen und vor allem umzusetzen, wird kaum möglich sein. Hätte ich ein solches Nachschlagewerk damals vorliegen gehabt, so hätte ich meinen Weg vermutlich schneller und etwas schmerzfreier gehen können.

Das ist der Grund, aus dem es mir so wichtig war, dieses Buch zu schreiben, nämlich in der Hoffnung möglichst vielen Menschen Ihren Weg in ein erfülltes, glückliches und für sich sinnvolles Leben zu zeigen, zu erleichtern und ihnen den Mut zu geben, ihn überhaupt zu gehen.

Ausgangspunkt

Mein Name ist Judy, ich bin jetzt 44 Jahre alt und glaube daran die Welt zu verändern. Wie? Indem ich Menschen dabei helfe ihr eigenes, persönliches Glück zu finden, denn viele glückliche Menschen ergeben eine glückliche Welt.

Zuerst werde ich Euch etwas zu meiner Person und meinem Leben berichten. Ich war ein fröhliches Kind mit einer Disposition für Depressionen, was damals natürlich noch niemandem bewusst war. Meine Eltern waren Nachkriegskinder, geboren in Deutschland und erhielten während ihrer Kindheit weder viel Geld noch Lebensmittel noch ausreichend Zeit für Liebe und Zuneigung. Woher auch? Als mein Vater seinen Vater das erste Mal traf, war er bereits 5 Jahre alt. Es war 1947 und mein Großvater kam aus russischer Gefangenschaft nach Hause. Er war sehr streng und wie es damals so üblich war, hatte er auch keine Hemmungen davor, den Kindern Prügel zu verpassen. Im Vergleich zu meinem Großvater, war mein Vater vorbildlich. Im Vergleich zu anderen Vätern jedoch, schnitt er nicht ganz so gut ab. Er war ebenfalls streng, unberechenbar, cholerisch und auch ihm rutschte gelegentlich die Hand aus. Auf der anderen Seite aber, war er sehr karriereorientiert, verdiente sehr viel Geld und war damit ganz und gar nicht geizig.

Kaum ein Wunsch meinerseits blieb unerfüllt. Dennoch war diese Diskrepanz etwas zu viel für mich, was ich damals jedoch noch nicht verstehen konnte.

Mit sechszehn Jahren begann meine dunkle Phase. Traurige Gedichte, düstere Musik und alles, was ansatzweise dramatisch war, faszinierte mich. Mein Haar färbte ich schwarz und die Themen Tod und Dunkelheit zogen mich in ihren Bann, wobei ich gleichzeitig hoffte, von jemandem gerettet zu werden, der mich nehmen und lieben würde wie ich bin. In sehr schlimmen Momenten nahm ich eine alte Rasierklinge und ritzte mir kleine Kratzer in die Arme, gerade tief genug um ein wenig Blut an die Oberfläche zu zwingen. Es half dabei, den unerklärlichen inneren Druck und Schmerz zu befreien. Zumindest vorübergehend. Abgesehen davon hatte ich keinerlei Interesse am Leben. Alles was ich wollte war mit meiner besten Freundin "herumzuhängen", ich verstand nichts von der Welt, meine Noten gingen kontinuierlich bergab und mich für irgendetwas zu motivieren, war fast unmöglich. Rückblickend überrascht es mich, dass sich die Dinge in meiner Welt immer so fügten, dass am Ende doch alles in Ordnung war, obwohl ich rein gar nichts dafür tat. Das Universum sorgte dafür, dass sich die Dinge fügten um mich stets in eine bestimmte Richtung zu lenken.

Dann irgendwann platzte der Knoten. Allerdings war dies eine rationale Entscheidung, da ich der Meinung war, ich müsste jetzt erwachsen werden, alles an mir ändern und einen anständigen Mann finden, den auch meine Familie befürworten würde. Also verliebte ich mich in einen Jurastudenten. Mein Kleidungsstil wandelte sich von dunkel und rockig zu hübsch und adrett, meine Haare färbte ich blond, meine Hobbies, wie das Schreiben von Gedichten und die Malerei lies ich bleiben und tat so als wäre ich glücklich. Nein, ich glaubte tatsächlich, ich wäre es.

Wie sich später herausstellte, war mein Ehemann keine sehr nette Person. Ich hätte keine nette Person finden können, denn wenn du innerlich kaputt bist, bekommst du nicht was du dir wünschst, du bekommst was du benötigst, um zu heilen und zu wachsen. Das verstand ich aber nicht. Woher auch? Ich wusste nicht, wie die Welt funktioniert und während meiner Kindheit war es untersagt in irgendeiner Art und Weise zu widersprechen. Ich war es gewohnt herumkommandiert und erniedrigt zu werden und nicht mich zu verteidigen, unnötigen Ärger zu Machen oder zu empfindlich zu sein. Alles was ich wollte, war geliebt zu werden und deshalb tat ich alles dafür. Doch er liebte mich nicht. Mein Mann war ein absoluter Narzisst, der naturgemäß nichts Anderes lieben konnte, als sich selbst. Wie sollte so jemand mich lieben können, wenn noch nicht einmal ich dazu in der Lage war? Ich kannte mich ja noch nicht einmal mehr. Nichts desto trotz bekamen wir drei wundervolle Kinder. Als unser Jüngster dann 9 Monate alt war, erlitt ich meinen ersten Zusammenbruch. Nichtsahnend dachte ich anfänglich es wäre eine heftige Magen-Darm-Grippe, da mir unter anderem unglaublich schlecht war. Nur brechen konnte ich nicht. Mir war körperlich extrem übel, während ich psychisch eine ewige Einsamkeit und Hoffnungslosigkeit fühlte. Meine ganze Welt wurde von einer Sekunde auf die nächste zur Nacht und ich war irgendwo in dieser Dunkelheit verloren. Schnell wurde mir bewusst, dass ich nicht unter einem Magenvirus litt, weswegen mir entsprechende Medikamente verschrieben wurden, die etwa nach drei Wochen anfingen zu wirken, so dass ich wieder in der Lage war halbwegs zu funktionieren. Jedoch bei weitem nicht so wie vor dem Zusammenbruch. Vorher arbeitete ich in Teilzeit, ich kümmerte mich um die Kinder und den Haushalt und unterstützte meinen Ehemann bei seiner Selbständigkeit. Nach dem Burnout fühlte ich mich nicht mehr in der Lage zu arbeiten. Nicht neben den Kinden und dem Haushalt. Es war einfach alles zu viel und jeden Tag zu einer bestimmten Zeit zur Arbeit fahren zu müssen und voll funktionsfähig zu sein, versetzte mich in Panik, denn obwohl meine Depressionen durch die Medikamente stark abgenommen hatten, so litt ich nun regelmäßig an Angst-attacken. Mein Mann war nicht in der Lage, die Familie alleine zu finanzieren, was er mir gegenüber jedoch nicht zugab. Stattdessen war er frustriert und bösartig mir gegenüber, immerhin ruinierte ich mit meiner unnötigen Krankheit seine Pläne. Das ließ er mich sehr deutlich spüren. Und ich ließ es zu. Ich gab ihm die Freiheit, mich so zu behandeln, weder verteidigte ich mich, noch setzte ich auch nur die kleinsten Grenzen. Durch die Hilfe meiner besten Freundin, erkannte ich irgendwann, dass etwas ganz entschieden falsch läuft und ich begann, daran zu arbeiten. Für die Beziehung war es allerdings zu spät. Zu viel war passiert, das sich nicht mehr reparieren ließ, sodass ich meinen Mann nach einem Jahr vergeblicher Versuche verließ.

Mein Leben begann sich endgültig zu verändern nachdem ich das Buch "Ich stehe nicht mehr zur Verfügung" von Olaf Jacobsen gelesen hatte. In erster Linie geht es darin um die Rollen, die wir einnehmen und die Energien, die wir unwissentlich in uns aufnehmen. Doch darüber hinaus, öffnete dieses Buch eine neue, spirituelle Welt für mich. Ich glaubte schon immer an eine höhere Kraft, doch wirklich religiös war ich nie. Ich konnte mich einfach mit keiner der mir bekannten Religionen identifizieren und suchte stets nach dem Weltbild, das für mich schlüssig war und Sinn ergab.

Nachdem „Ich stehe nicht mehr zur Verfügung" meine Aufmerksamkeit auf die für mich neue Spiritualität lenkte, suchte ich nach weiterer Literatur und stieß auf das Buch „Quanten Herz" von Céline Kever. „Quanten Herz" basiert auf dem bereits erwähnten Buch „Das Kybalion" und lieferte mir endlich mein langersehntes Weltbild. Ich begann zu verstehen wie die Welt funktioniert und welchen Part ich darin spiele. Mit den sieben Hermetischen Prinzipien, entsprechenden Erklärungen und Übungen, die beschrieben wurden, hatte ich plötzlich Möglichkeiten mein Leben für mich zu transformieren, Eigenverantwortung zu übernehmen und selbstbestimmt mein Leben zu leben. Allerdings erst einmal in Babyschritten.

Einige Jahre später erlitt ich einen weiteren Zusammenbruch, der allerdings bei weitem nicht so schlimm war wie der erste. Die Ärztin erklärte mir, dass ich eine Disposition für Depressionen habe und diese mir somit vererbt wurden, was bedeutet, egal welche Problematiken ich in meinem Leben löse, meine Depressionen können und werden immer wieder kommen, da sie biologischer Natur sind. Mein Gehirn produziert nicht genug Serotonin und kann es nicht sehr lange speichern. Die Medikamente, die mir verschrieben wurde, behandeln aber genau das, sodass ich endlich in der Lage bin mein Leben enthusiastisch und mit Freude und Begeisterung zu leben. Ich bin wach, konzentriert und aufnahmefähig und endlich fähig, zurückzugeben.

Mein Weg zu dem Punkt, an dem ich jetzt stehe, war lang und schwer, auch wenn es in dieser recht kurzen Zusammenfassung nicht den Anschein haben mag. Ich durchstand unzählige Lernaufgaben, bis ich endlich irgendwann zu mir fand und meinen eigenen Wert erkannte. Das Universum bot mir immer wieder neue Chancen und Möglichkeiten um zu wachsen und je weiter ich kam, je einfacher wurde es.

Nach meinem ersten Burn-out blieb mir so gut wie nichts. Kein Mann, keine Arbeit, keine unterstützende Familie und ein viel zu geringer Lebenswille. Nun habe ich einen wundervollen Partner an meiner Seite, wir leben in einem hübschen Häuschen mit den Kindern, halten drei Katzen, vier Meerschweinchen und zwei Pferde, wir haben Arbeit und einen wunderbaren Freundeskreis. Ich bin zwar noch nicht da, wo ich hin möchte, aber ich bin dennoch sehr glücklich, wo ich jetzt bin.

Ich hoffe sehr, dass dieses Buch dir helfen wird, dort hinzukommen, wo auch immer du hin möchtest.

Die Hermetische Philosophie – Das Kybalion

Intro

Das Kybalion ist ein Buch über die Hermetischen Prinzipien, geschrieben von drei Autoren, die nicht benannt werden mochten. Deshalb bezeichneten sie sich als „Die drei Eingeweihten". Die sieben Hermetischen Prinzipien, die mein Leben veränderten, wurden der Legende nach von dem Götterboten Hermes Trismegistos überliefert. Er lehrte diese Philosophie über Jahre hinweg einzelnen Schülern, die die Lehren ebenfalls weitergaben, jedoch war dieser Unterricht ausschließlich mündlich. Nie wurde irgendetwas dazu aufgeschrieben. Dementsprechend verbreitete sich diese Philosophie auch nicht sehr schnell. Zu Beginn des 19. Jahrhunderts dann, entschieden die drei Eingeweihten, dass es nun an der Zeit sei das Wissen mit der Masse zu teilen. Wissen dieser Art erreicht sowieso stets nur diejenigen, die bereit sind es zu erlernen. Somit entstand das Kybalion.

Insgesamt gibt es sieben Prinzipien: Das Prinzip des Geistes, das erklärt woher wir kommen, nämlich aus der Quelle liebender Energie, für die es wie vorab erwähnt auch zahlreiche andere Bezeichnungen gibt. Das Prinzip der Entsprechung lehrt uns, dass die äußere Welt immer unserer inneren entspricht, und dass unsere Gedanken sich in der äußeren Welt manifestieren. Das Prinzip der Schwingung bringt uns die Erkenntnis näher, dass Energie in unterschiedlichen Frequenzen schwingt und wieso es wichtig ist, diese Schwingung möglichst hoch zu halten. Das Prinzip der Polarität und das Prinzip des Rhythmus erläutern uns unseren Part und unsere Verantwortung an der Transformation unseres Lebens. Das Kausalitäts-prinzip hilft uns zu begreifen, dass Vorbestimmung und Freiheit kein Widerspruch sein muss und das Prinzip des Geschlechts erläutert die männlichen und weiblichen Energien, die Grundbausteine sämtlichen Lebens sind. Die Hermetische Philosophie ist ein sehr umfangreiches Thema, das in diesem Buch nur angeschnitten wird. Sollte es von Interesse sein, gibt es hierzu jedoch zahlreiche Bücher im Angebot.

Das Prinzip des Geistes

Alles besteht aus Energie, denn Energie ist die Quelle allen Seins. Dazu zählen alle lebendigen wie auch alle nicht lebendigen Dinge. Der einzige Unterschied zwischen allem was ist, ist die Frequenz in welcher diese Energie schwingt. Das Universum, die Schöpfung, die Quelle, das All-Eins, Gott oder wie auch immer man es bezeichnen mag, ist ebenfalls reine, extrem hochfrequente Energie, aus der alles andere entspringt. Ich verwende überwiegend die Bezeichnung „Quelle", da ich diese am passendsten und am wenigsten belastet empfinde. Wir stammen aus der Quelle und Teile davon tragen wir stets in uns, nämlich unsere Seelen. Dieser göttliche Kern, den wir alle in uns tragen, verbindet uns miteinander. Das bedeutet, dass ich dich nicht verletzen kann ohne dabei mich selbst zu verletzen. Im Umkehrschluss heißt das natürlich auch, dass, wenn ich dir Gutes tue, tue ich auch mir selbst Gutes. Wir sind alle durch diesen göttlichen Kern miteinander verbunden, wir kommen alle aus der Quelle und jeder Einzelne von uns kehrt auch irgendwann wieder dorthin zurück.

Behalten wir das im Hinterkopf, so ergibt es plötzlich Sinn, dass sich Dinge wie Mode und neue Ideen so rasant durchsetzen und verbreiten können. Durch unsere Seelen besitzen wir alle ein kollektives Bewusstsein. Umso mehr Menschen an etwas denken umso schneller verbreitet sich dieser Gedanke. Nun stelle dir mal vor, was wir aus dieser Welt machen könnten, hätten wir alle liebevolle und gutmütige Gedanken.

Das Prinzip der Geistigkeit ist sehr schwer in seinem vollen Umfang zu verstehen. Unser menschlicher Verstand ist zwar sehr fähig, jedoch dafür nicht ausgerichtet. Hier müssen wir glauben und darauf vertrauen, dass wir aus einer Quelle der bedingungslosen Liebe stammen und jeder einzelne von uns wunderschön und unglaublich wertvoll ist.

Die Quelle bewertet nicht. Die Quelle ist bedingungslose und unendliche reine Liebe und die einzige Konstante im gesamten Universum. Sie ist ein Teil von dir, tief in dir verankert und sie führt dich in ein wundervolles Leben, wenn du sie lässt.

ଚ୨ ● ୧ଓ

Als junges Mädchen hatte ich des Öfteren depressive Schübe. Ich habe nie jemandem davon erzählt, denn sie kamen immer abends, wenn ich schon im Bett lag und zu schlafen versuchte. Mir war keineswegs bewusst, was mit mir los war, alles was ich wusste war wie ich mich fühlte.

Nämlich Schrecklich. Ich empfand eine fast grausame Angst vor dem Leben, Übelkeit, Hoffnungslosigkeit und eine unbeschreibbare Leere. Katholisch erzogen glaubte ich damals schon an einen Gott. Also begann ich zu beten: „Bitte lieber Gott, mach dass es weg geht. Mach, dass es weg geht und nie wieder kommt. Bitte. Bitte lieber Gott, mach, dass das Gefühl weggeht und nie wieder kommt. Bitte lieber Gott…." Ich betete einige Minuten lang bis ganz plötzlich, von jetzt auf gleich, das Gefühl verschwand. Von einer Sekunde zur nächsten ging es mir gut. Ich war angstfrei, erleichtert und dankbar, schloss meine Augen und schlief friedlich ein. Während meiner restlichen Kindheit kam das Gefühl nicht mehr wieder. Erst später, als es Zeit wurde zu lernen.

Mit der Zeit entfernte ich mich von der katholischen Religion. Jedoch verlor ich nie den Glauben an diese höhere Macht, die mich damals, mit nur 9 Jahren, erlöst hatte. Egal wie sehr ich zweifelte, und egal wie sehr ich mich fragte, was wirklich „da draußen" ist, ich wusste immer, dass es etwas wunder- und liebevolles ist. Ich musste nur eine Möglichkeit finden, damit in Verbindung zu treten.

Mittlerweile, da ich diese Verbindung herstellen konnte, fühle ich mich nicht mehr isoliert und verängstigt, denn tief in mir fühle ich stets die Präsenz, Wärme und Liebe der göttlichen Quelle.

Das Prinzip der Entsprechung

Energie vibriert und damit vibriert alles was existiert. Es gibt Menschen, die diese Vibration oder Schwingung spüren können, selbst wenn sie sich nicht darüber bewusst sind, was genau sie fühlen. Um hier etwas mehr Verständnis zu schaffen, wurde ein Modell geschaffen, das Energien in drei Ebenen unterteilt.

- Die große materielle Ebene
- Die große geistige Ebene
- Die große spirituelle Ebene

Dies ist eine sehr vereinfachte Darstellung, denn zwischen den Ebenen besteht ein fließender Übergang. Wichtig zu wissen ist, dass während der Schwingungsgrad der materiellen Ebene eher niedrig ist, so ist der der spirituellen Ebene sehr hoch und, dass alle Hermetischen Prinzipien auf alle energetischen Ebenen zutreffen.

Die große materielle Ebene beinhaltet, wie der Name schon sagt, alles, das in irgendeiner Art und Weise unserer materiellen Welt zuzuordnen ist. Hierzu zählen Körper, Flüssigkeiten, Gase, Hitze, Licht, einfach alles, was wir im physikalischen Universum vorfinden. Wir sind Teil dieser Ebene, aufgrund unseres Körpers.

Die große geistige Ebene ist eine Brücke zwischen der materiellen und der spirituellen Ebene, denn nur mit unserem Geist sind wir fähig die spirituelle Ebene zu erreichen. Der Schwingungsgrad dieser Ebene ist schon wesentlich höher und man kann sie trainieren. Umso mehr du dich darauf konzentrierst positiv und liebevoll zu denken, umso mehr trainierest du diese Ebene und, umso näher kommst der der großen spirituellen Ebene. In anderen Worten, umso spiritueller du wirst, umso weiter kannst du diese Brücke entlang laufen, weil mehr und mehr Dinge dieser Welt plötzlich Sinn ergeben und du damit beginnst zu verstehen, wie das Leben funktioniert und warum du genau da jetzt an diesem Ort bist, an welchem du dich gerade befindest. Auf dieser Ebene ist es bereits möglich, durch deinen Fokus, deiner inneren Einstellung und der entsprechenden Schwingungserhöhung, heilend zu wirken und deine Selbstheilungskräfte in Gang zu bringen. Die geistige Ebene ist der Schlüssel zu spirituellem Wachstum und wir sind Teil davon aufgrund unseres Verstandes und unserer Lernfähigkeit.

Die große spirituelle Ebene ist die, die Gott am nächsten ist. Ihre Schwingungsfrequenz ist immens und um sie zu erreichen, müssen wir folgendes können:

- Wir müssen uns selbst wahrnehmen
- Wir müssen uns unserem göttlichen Kern, unserer Seele, bewusst sein
- Wir müssen erkennen, dass wir alle miteinander verbunden und deshalb eine Einheit sind

Du musst diese Dinge verstehen und fühlen, weil es so klar ist, wie die Sonne warm und der Schnee kalt ist. Hierbei handelt es sich um eine Lebenseinstellung, die immer gilt. Momentan mag das alles sehr kompliziert und nicht erreichbar klingen, das ist es jedoch nicht. Mit etwas Übung wird es nach und nach einfacher und klarer. Vertraue mir.

Wir Menschen sind in der Lage, alle drei Ebenen zu erreichen, weil wir physische, geistige und spirituelle Wesen sind. Ich bin davon überzeugt, dass Tiere ebenfalls Zugriff auf alle Ebenen haben, mit dem Unterschied, dass es ihnen vermutlich viel einfacher fällt und sie keineswegs dafür üben müssen.

Es ist ebenfalls sehr wichtig zu verstehen, dass das Leben ein Spiegel ist. Alles, was in dir vorgeht, wird im Außen gespiegelt. So kannst du jederzeit erkennen, ob es deinem Körper, deinem Geist und deiner Seele auch wirklich gut geht. Ist dein Leben chaotisch? Streitest du viel? Bist du oft frustriert, passieren dir immer wieder unangenehme Dinge und triffst du scheinbar immer die falschen Personen, die dich nicht so behandeln wie du behandelt werden möchtest?

Oder fühlst du dich gesegnet, dankbar und ausgeglichen? Behältst du deine innere Ruhe, bleibst positiv und suchst das Gute in den Dingen und Menschen? Bist du umgeben von wundervollen Menschen und Liebe?

Unsere Gedanken kreieren unsere Realität. Unsere Gedanken sind ebenfalls Energie und sie sind weitaus mächtiger als die meisten Menschen zu glauben wagen. Hegst du stets Zweifel und Ängste, dann wirst du Situationen anziehen, die dich weiter zweifeln und fürchten lassen. So spiegelt dir das Leben, dass etwas an deiner inneren Einstellung nicht gesund für dich ist. Die Energie folgt der Aufmerksamkeit. Immer. Dein Verstand, deine Gedanken, egal über was oder wen, sind ein Magnet, der genau das anzieht worauf dein Fokus liegt. Dein Geist ist dein Werkzeug zu deiner eigenen, persönlichen Schöpfung.

Alles entspricht etwas anderem. Du kannst das Große im Kleinen erkennen, so ähnelt ein Atom zum Beispiel auch einem Sonnensystem. Du kannst das Innere im Äußeren erkennen, wie eben beschrieben. Ändere deine Einstellung und du änderst dein Leben, denn alles um dich herum wird sich deinem inneren Weltbild anpassen. Das ist ein göttliches Gesetz. Das bedeutet natürlich auch, dass du einzig und alleine für dich und dein Leben verantwortlich bist. Die Entwicklung deines Lebens liegt nur in deinen Händen. Dies kann ich nicht genug betonen.

Als ich damals an Depressionen erkrankte, war ich nicht in der Lage, mich auch nur auf die kleinsten Tätigkeiten zu konzentrieren. Des Weiteren hatte ich ständig Angst davor weitere Panikattacken zu bekommen, nie wieder gesund zu werden und für den Rest meines Lebens dieses einerseits leere und andererseits quälende Gefühl zu fühlen. Ich verpasste Termine, jeder Tag war ein Kampf und ich war mit mir und meinem Leben überfordert. Mein inneres Chaos wurde mir durch meine sehr chaotische und unordentliche Wohnung ge-spiegelt. Ich wollte sie aufgeräumt und sauber halten, war aber einfach nicht in der Lage dazu. Ich befand mich in einer Abwärtsspirale, denn meine Ängste wurden stets schlimmer, zumal sie auch immer öfter ausgelöst wurden damit ich mich ihnen endlich stellte. Ich konnte nicht mehr arbeiten, sah mich als Opfer und fürchtete, mich dem Ganzen alleine stellen zu müssen. Das führte dazu, dass mein Mann mich mehr und mehr verachtete und auch alleine ließ. Selbst in Situationen in denen ich

ihn anflehte zu bleiben. Er reagierte auf die Energien die ich ausstrahlte. Ich dachte ich bin ein Opfer was mich automatisch zu einem solchen machte und ihn dazu bewog, mich so zu behandeln, dass ich mich noch mehr wie ein Opfer fühlte. Das war der Spiegel. Meine Ängste kreierten meine Realität. Das Leben war unglaublich dunkel und schwer damals, doch umso mehr Ordnung ich in mir schaffte, umso einfacher und klarer wurde es, bis ich irgendwann wieder die Kontrolle hatte. Als ich die Spiegel um mich herum endlich erkannte, begann ich mit ihnen zu arbeiten und änderte daraufhin mich und mein Leben. So wie ich im Inneren transformierte, so transformierte auch mein Leben im Äußeren. Nach und nach.

Das Prinzip der Schwingung

Da die energetische Schwingung offensichtlich maßgebend für die Qualität unseres Lebens ist, erhält sie gleich ein eigenes Prinzip. Unsere Schwingung ist die Schnittstelle zwischen unserem Innenleben und der äußeren Realität. Wir senden und empfangen ununterbrochen Energie, jedoch ist hier wichtig zu wissen, dass wir immer auf derselben Frequenz empfangen, auf der wir senden. Das bedeutet wenn deine Gedanken negativ sind, egal wieso und auf welche Weise, dann sendest du niedrig schwingende Energie und empfängst diese auch wieder. Zweifel, Ängste, Missgunst und andere unangenehme Dinge, die du durch deine Gedanken hinaus in die Welt schickst führen zu Situationen die dich weiterhin zweifeln, fürchten und neiden lassen. Deshalb ist es so unglaublich wichtig, deine Gedanken positiv zu halten. Wie auch beim Prinzip der Entsprechung, werden dir hier durch dein Leben Spiegel vorgehalten. Letztendlich sind die hermetischen Prinzipien alle eng miteinander verbunden, sodass eine klare Grenze zwischen ihnen gar nicht erst zu ziehen ist. Schau in dich hinein und achte auf deine Gedanken. Befindest du dich in einer Negativspirale, so kannst du hier beginnen sie in eine Positivspirale zu transformieren.

Die meisten Menschen achten nicht auf ihre Gedanken. Deshalb ist ihnen auch nicht bewusst, wie viele davon ungesund sind und folglich ihre Schwingungsfrequenz herabsetzen. Positive, wertfreie und liebevolle Gedanken sind die einzige Möglichkeit, dein Leben positiv zu transformieren. Sie sind das Fundament deines Daseins und entscheidend über dessen Qualität. Deine Einstellung zum Leben kreiert deine Realität, also denke positiv, sei dankbar für alles, was du hast und erhöhe so deine eigenen Schwingungen, um an einen Ort der Ausgeglichenheit und Fülle zu gelangen.

Bewerte nicht, habe Vertrauen, sei dankbar und demütig, hilfreich, gutmütig und frei von Vorurteilen und deine Schwingungen werden sich rasant beschleunigen. Dein Leben wird sich in ein glückliches und positives verwandeln, denn, umso schneller die Energie vibriert umso näher befinden wir uns der Quelle.

Alles passiert aus einem oder mehreren Gründen. Es wird nicht immer alles sofort funktionieren und das ist in Ordnung so. Das Universum öffnet immer wieder neue Türen und Möglichkeiten für dich, damit du dein höchstes Potential erreichst.

Ich versuche stets auf meine Gedanken zu achten und überlege meist bevor ich spreche, doch immer noch schleichen sich negative Gedanken und Wörter ein, wenn auch wesentlich seltener als noch vor ein paar Jahren. Als ich mit dieser Art der Achtsamkeit begann, habe ich mir selbst verboten gemeine Dinge zu sagen oder zu denken. Das heißt aber nicht, dass ich nicht die Wahrheit sage, die auch nicht immer schön ist. Nicht alle Menschen auf dieser Welt sind gutmütig und achtsam und wenn mich jemand nach meinen Gefühlen fragt, dann sage ich auf die netteste Art und Weise die mir einfällt, die Wahrheit. Allerdings halte ich mich nicht daran fest und versuche wertfrei zu bleiben.

Je mehr Übung ich hatte, je mehr spürte ich auch einen Unterschied in meinem eigenen Wohlbefinden. Wenn ich mich in negativen Situationen verrenne, ohne es zu merken, dann fange ich damit an mich übermäßig zu beschweren und mir Sorgen zu machen, ich vergesse das Gute in meinem Leben und fühle mich schlecht. Ich spüre wie meine Schwingungen sich verlangsamen und ich schwach und müde werde. Das Gute daran ist, dass ich dann gegensteuern kann, sobald mir dies bewusst wird. Und siehe da, sobald meine Gedanken wieder positiv werden und unnötige Nörgeleien nicht mehr stattfinden, erhöht sich meine Frequenz und mein Leben wird entsprechend angenehmer, was die Lösung bestehender Probleme erheblich vereinfacht. Denn die wird es immer geben.

Eine ehemalige Freundin von mir hatte die Angewohnheit, sehr schlecht über andere zu sprechen. Ich hatte die Angewohnheit, mich von ihr in den Bann ziehen zu lassen und mitzulästern. Wobei wir uns einredeten, wir würden ja lediglich die Wahrheit sagen und es nur gut meinen. Dem war aber nicht so. Wer waren wir überhaupt, dass wir uns das Recht herausnahmen andere Menschen zu bewerten und verurteilen weil sie nicht so waren wie sie unserer Meinung nach sein müssten. Nach einigen Monaten wurde mir dies langsam bewusst und ich fühlte mich schlecht. Ich war nicht mehr in der Lage, mir die Dinge schönzureden, weil ich ja oh so weise bin. Falsch! Niemand ist in der Lage in eine andere Person hinein-zuschauen und sie zu beurteilen. Mein göttlicher Kern ließ mich spüren, dass es nicht richtig oder gesund war, was ich tat und irgendwann konnte ich das nicht mehr ignorieren. Also beteiligte ich mich nicht mehr an dieser Art Gespräche, fühlte mich sehr schnell viel besser, obwohl dies bedeutete, dass meine Freundin sich mehr und mehr von mir distanzierte. Auch wenn dies am Anfang sehr schmerzhaft für mich war, so war es notwendig und eine dieser Lernaufgaben, die mich lehrten, loszulassen.

Das Prinzip der Polarität

Unsere Welt ist eine duale Welt, Das bedeutet, dass sie aus Gegensätzen besteht. Angst und Vertrauen zum Beispiel. Sie sind Gegensätze, zwei konträre Pole desselben Gefühls. Hitze und Kälte sind ebenfalls zwei gegensätzliche Pole derselben Sache, nämlich der Temperatur. Ob es nun gut oder schlecht ist, dass etwas kalt oder heiß oder warm ist, sollte egal sein. Denn damit würdest du etwas bewerten was generell relativ ist und sich somit nicht bewerten lässt. Während du frierst, fühlt sich ein anderer möglicherweise pudelwohl. Was du als richtig empfindest, empfindet jemand anderes vielleicht als völlig falsch. Dich selbst und andere zu bewerten hilft niemandem, im Gegenteil. Es verlangsamt deine Energie. Möchtest du etwas erledigen oder ändern, dann tu es. Hast du einen Fehler gemacht? Korrigiere ihn. Verurteile dich nicht selbst für den Fehler, es ist wie es ist und du kannst jetzt eh nichts mehr daran ändern. Sich damit zu beschäftigen, wie ärgerlich eine Situation ist oder wie mies du dich fühlst, weil du das Rauchen einfach noch nicht lassen kannst oder wie blind die Kollegin sein muss, die ständig die unmöglichsten Frisuren hat ist reine Zeit- und Energieverschwendung. Jeder Mensch geht seinen Weg zu seiner Zeit mit seinen Lernaufgaben und Hindernissen und das sollte jeder Mensch wissen und respektieren. Hilf anderen und dir, aber bewerte nicht. Wenn es sein muss, dann kritisiere andere und dich selbst, aber bewerte nicht. Setze Grenzen und schütze dich und deine Liebsten wenn es nötig ist, aber bewerte nicht. Es würde weder dir noch den anderen helfen.

Wie bereits erwähnt passiert nichts auf dieser schönen Welt grundlos. Wenn wir also die Dinge völlig wertfrei erst einmal akzeptieren wie sie sind, dann sollten wir uns folgende Fragen stellen:

- Was versucht das Universum mir damit zu sagen?
- Was in mir drin hat diese Situation angezogen?
- Welches Thema wird gerade behandelt?

Es ist nicht immer einfach die Antworten auf diese Fragen zu finden, denn oft liegen sie verborgen, tief in dir drin. Doch die Lösungen führen zu einer Erkenntnis, die eine innere Transformation ermöglicht und dir so mehr Freiheit schenkt. Gespräche mit Freunden und Familie können hier helfen. Es ist wichtig ehrlich zu sein. Insbesondere ehrlich zu dir selbst, auch wenn du die Antwort nicht hören möchtest. Denke dran, nicht zu bewerten. Wir haben alle unsere dunklen, kleinen Geheimnisse die wir nicht gerne preisgeben und uns selbst auch nicht eingestehen wollen, aber sie zu ignorieren, bringt dich nicht weiter. Stelle dich diesen Antworten und akzeptiere sie um dein Leben aufzuräumen und zu transformieren. Es sei denn du bist bereits so weit, dass es überwiegend schöne Antworten und Bestätigungen deiner Lebensweise sind. Dann freue dich darüber und mache weiter so.

Gegensätze sind nicht ausschließlich in ihrem Dasein gegensätzlich, sondern auch in ihrer energetischen Frequenz. Nehmen wir das Beispiel Liebe und Hass. Beides sind zwei Pole einer Emotion, würden wir sie jedoch auf einer Skala platzieren so wäre Hass möglicherweise bei -20 während Liebe sich bei +20 befinden würde. Diese Skala ist rein exemplarisch, natürlich kann man Gefühle nicht so messen. Der Pol mit der höheren Schwingung ist immer der dominante und der, welcher der Quelle am nächsten ist. Es ist der Pol, der sich gut und richtig anfühlt, da er von der Quelle unterstützt wird. In diesem Fall die Liebe. Hass fühlt sich nicht gut an. Angst und Wut auch nicht, während wir von den Gefühlen Liebe und Vertrauen nicht genug bekommen können. Verstehe mich bitte nicht falsch, du solltest dich niemals nicht wehren, nur damit du keine Wut spürst. Deinen göttlichen Kern zu beschützen, hat immer Priorität und spiegelt deine eigene Wertschätzung wieder. Natürlich fühlen sich Konflikte nicht gut an, aber manchmal kommt man einfach nicht drum herum und genau dann brauchen wir auch diese Gefühle. Noch leben wir ja leider nicht in Utopia.

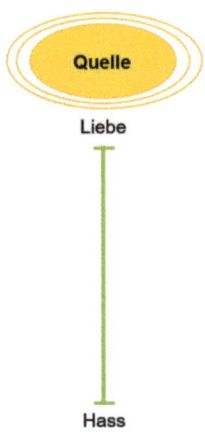

Auch wenn es immer wieder unangenehme Situationen geben wird, konzentriere dich auf die positiven Dinge in deinem Leben. Erinnere dich an all die Geschenke, die du bisher erhalten hast und nicht die Probleme. Wenn ich von Geschenken spreche, meine ich alles Gute, was dir widerfahren ist. Sei es ein leckeres Frühstück, ein Dach über dem Kopf, Gesundheit, dein Lieblingsshampoo im Angebot und alle anderen großen und kleinen Dinge, die gut für dich sind. Problemen muss man sich annehmen und Lösungen finden. Aber verharre nicht darin. Nur die positiven Gedanken halten dich an einem Ort hoher Schwingung.

Das ist natürlich alles kein wirkliches Problem, solange es einem gut geht. Aber was wenn nicht?

Krisen kommen und gehen, manchmal bewältigt man sie halbwegs gut und manchmal nicht. Geh nicht zu hart mit dir ins Gericht, solltest du deine Schwingungsfrequenz nicht immer halten können. Wir sind ja auch nur Menschen und es ist völlig normal, dass etwas manchmal besser funktioniert und manchmal nicht. Ein großer Schritt ist es schon, wenn du es schaffst, dass du dich nicht ganz in negativen Gedanken und Angst verlierst und somit deine Schwingung immer noch etwas aufrechterhältst. Folgende Punkte helfen dir dabei:

- **Sei dankbar**. Und zwar für alles was du erreicht und erhalten hast. Du könntest es zum Beispiel zur Angewohnheit machen morgens, beim Duschen oder Anziehen zehn Dinge aufzuzählen, für die du dankbar bist. Sei dankbar für eine gute Freundschaft, ein dir zugeteiltes Projekt auf der Arbeit, dafür, dass die Sonne scheint oder es endlich mal wieder regnet, für die leckere Flasche Wein im Kühlschrank oder die gut überstandene Operation eines Verwandten. Auch die scheinbar kleinen Dinge wie ein volles Glas Nutella im Regal sind ein guter Grund für Dankbarkeit, denn auch sie erhöhen deine Schwingungsfrequenz.
- **Gehe in dich**. Wie auch immer du das gerne machst. Ich meditiere meistens in der Badewanne oder beim Putzen, da ich mit etwas

beschäftigt bin, auf das ich mich nicht sonderlich konzentrieren muss, sodass meine Gedanken freien Lauf haben. Häufig erhalte ich hierbei dann hilfreiche Eingebungen, auf die ich vorher nicht gekommen bin. Gelegentlich aber, setze ich mich auch ganz klassisch in den Schneidersitz und meditiere bewusst über ein bestimmtes Thema, indem ich die Augen schließe, mich auf das Thema konzentriere und darauf warte, was mir in meinen Gedanken gezeigt wird.

- **Denke positiv.** In jeder Situation ist auch immer etwas Gutes zu finden. Etwas, dass wir lernen oder erreichen können. Des Weiteren sind viele Situationen, die sich negativ anfühlen, in Wirklichkeit nicht negativ. Unsere Ängste lassen uns dies nur so wahrnehmen. Zum Beispiel gehen wir davon aus, dass eine bestimmte Person uns nicht mag, weil wir mitbekommen haben, dass sie uns seltsam anstarrte. In Wahrheit aber war diese Person einfach in ihre Gedanken vertieft und beachtete uns gar nicht. Sie schaute schlicht und ergreifend ins nichts. Viel zu schnell denken und erwarten wir das Schlimme, anstelle des Guten, immerhin spart uns das einiges an Enttäuschung, denn wir hatten es ja gleich gewusst. Aber erwartest du das Schlimmste und trifft es tatsächlich ein, so wirst du so oder so enttäuscht sein, nur, dass du vorab einige Zeit damit verbracht hast Negatives zu erwarten, was deine Energiefrequenz verlangsamt hat. Erwartest du aber Gutes, wirst du vielleicht auch ab und an enttäuscht, jedoch verbringst du den Großteil deiner Zeit damit glücklich und zufrieden zu sein, was wiederum deine Frequenz auf einem gesunden Level hält. Ein weiterer Pluspunkt des positiven Denkens, wie wir ja mittlerweile wissen, ist dass wir im Gegenzug auch Positives empfangen und demnach die Gefahr der Enttäuschung drastisch sinkt.

- **Erinnere dich an deine Träume und Ziele.** Visualisiere, wie du diese bereits erreicht hast und sie tagtäglich lebst. Stelle dir zum Beispiel vor, wie du in deinem neuen Auto zu deiner erfüllenden Arbeit fährst und viel Geld verdienst. Oder das kleine Café, das du schon immer besitzen und leiten wolltest mit selbstgebackenen Törtchen. Oder das erfolgreich veröffentlichte Buch, das du seit Jahren im Kopf hattest, dich aber nie gewagt hast, zu schreiben. Vermeide Begriffe wie „irgendwann" oder ähnliches in deinen Träumen und Visionen. Stell dir vor das Auto steht bereits in der Garage, blättere durch Möbelkataloge um dein Café einzurichten und erhöhe so deine Schwingungen. Die Energie folgt der Aufmerksamkeit. Manifestiere deine Träume.

- **Vergiss nicht**, dass beide Pole immer miteinander verbunden sind. Das bedeutet, dass der gegenüberliegende Pol stets erreichbar ist (siehe Grafik). Welchen Pol du anstrebst liegt einzig und allein an dir.

ꝰꝰ ● ꝰꝰ

Während meiner dreijährigen Singlezeit, nachdem ich meinen Mann verlassen hatte, lernte ich den ein oder anderen Mann kennen, von dem ich glaubte er könnte mein neuer Partner sein. Jedes Mal lag ich falsch. Ich versuchte objektiv und geduldig zu sein, wollte nichts überstürzen und bildete mir, ein ich würde dies auch genauso umsetzen. Jedoch hatte es immer wieder den Anschein, als würde der jeweilige Mann ein Spiel mit mir spielen, mich an der Nase herumführen, um mich glauben zu lassen, er wollte eine feste Beziehung mit mir eingehen. Weit gefehlt, denn sobald ich etwas einnehmender wurde, waren sie alle wieder verschwunden.

Was wollte das Universum mir damit sagen? Das ich zu sehr klammerte. Auch wenn ich es nicht zugab, war ich der Meinung ohne Partner nicht wirklich glücklich sein zu können. Also ignorierte ich stets mein Bauchfühl und machte jede Bekanntschaft zu meinem neuen Traumprinzen. Jeder Zweifel wurde weggeschoben und schöngeredet. Ich wollte mein Singledasein so sehr beenden, dass ich alle Alarmglocken ignorierte, sodass das Universum entschied, mir hier eine Lektion zu erteilen.

Was in mir drin hat die Situation angezogen? Der Glaubenssatz, dass ich nicht stark genug bin, um mein Leben alleine zu meistern. Ich wollte jemanden an meiner Seite, der mich unterstützt, auch wenn dies bedeutete, ich könnte nicht ich selbst sein. Dies zog Männer in mein Leben, die ebenfalls nicht sie selbst waren. Sie suchten den Spaß, die ungezwungenen Verabredungen und ja, einige führten mich an der Nase herum. Sie mussten es tun, damit ich endlich aufwachen konnte; um zu realisieren, wer ich bin und was ich will.

Welches Thema wurde behandelt? Ehrlichkeit mir selbst gegenüber, auf mein Bauchgefühl hören und vor allem die Verantwortung für mich und mein Glücklich-sein zu übernehmen. Mich auf einen Partner zu verlassen, der mein Leben einfach und fröhlich machen soll ist ihm gegenüber nicht fair und letztendlich auch nicht machbar.

Irgendwann habe ich es endlich verstanden, allerdings dauerte der Prozess drei Jahre. Der Mann, der letztendlich in mein Leben trat und blieb, war das Gegenteil von der Art Mann, die ich mir immer wünschte. Unser Verstand, so wertvoll und erstaunlich er auch sein mag, weiß nicht, was für uns das Beste ist, da er von zu vielen Faktoren beeinflusst wird. Nur unsere Seele weiß was wir brauchen und was uns glücklich macht. Erst als ich aufhörte, krampfhaft zu suchen und sämtliche Vorstellungen meines Traummannes losließ, konnte das Universum mir endlich denjenigen schicken, der perfekt zu mir passte. Gerade, als ich eigentlich gar keinen Partner mehr wollte, weil ich die Nase gestrichen voll hatte und mittlerweile auch wusste, dass ich mich selbst glücklich machen konnte. Ich brauchte keinen Partner um glücklich zu sein, aber ich liebe es, ihn in meinem Leben zu haben.

Eine weitere Lernaufgabe ereilte mich mit der Sorgerechtsklage meines Exmannes. Er war unglaublich hart mir gegenüber in seinen Stellungnahmen, öffnete die untersten Schubladen, waren sie noch so beschämend und eine Gürtellinie war faktisch nicht mehr vorhanden. Das Ergebnis dieses schrecklichen Prozesses, war eine Änderung des Umgangsrechts der Kinder. Eines wohnt bei mir, eines wechselt von Woche zu Woche und das dritte und jüngste Kind entschied sich dafür ganz zu seinem Vater zu ziehen. Natürlich brach mir das das Herz, jedoch litt er am meisten unter dieser Fehde, weshalb ich ihm diesen Wunsch nicht verwehren konnte. Wir brauchten alle endlich Ruhe und Frieden.

Was wollte das Universum mir damit sagen? Nichts geschieht grundlos und, wenn ich mein Kind liebte, dann musste ich es gehen lassen. Alles andere würde die Lage nur verschlimmern. Ich musste darauf vertrauen, dass es so sein soll und am Ende alles gut ist.

Was in mir drin hat diese Situation angezogen? Ich wollte alles kontrollieren, weil ich der Meinung war, zu wissen, was das Beste für alle und jeden ist. Des Weiteren dachte ich, die Entscheidung des Kindes bei seinem Vater zu wohnen, macht mich automatisch zu einer schlechten Mutter. Nicht immer die besten und positivsten Gedanken über meinen Exmann zu haben, hat sicherlich auch eine entscheidende Rolle gespielt.

Welches Thema wurde behandelt? Loslassen und Vertrauen. Mein Bauchgefühl sagte mir, ihn loszulassen, ist die einzige Möglichkeit für ihn, Frieden zu finden. Es war mit die härteste Lektion, die ich je zu lernen hatte, jedoch entspannte sich das Kind kurz darauf zusehend. Ich bekomme leider nicht sehr viel von seinem Leben mit, da ich ihn nur alle zwei Wochen für zwei Tage bei mir habe. Aber er scheint glücklicher zu sein, seine Schulnoten sind gut, er hat Freunde und Hobbies und ganz ehrlich, jetzt wo er sich mehr und mehr der Pubertät nähert, muss ich mir manchmal selbst eingestehen, dass die Situation gar nicht so verkehrt ist. Außerdem habe ich mehr Zeit für mich, meinen Weg und meine Berufung. Es gibt immer zwei Seiten zu einer Medaille und ich lege meinen Fokus auf die positive.

Das Prinzip des Rhythmus

Die Wichtigkeit des Polaritätsprinzips wird noch deutlicher durch das Prinzip des Rhythmus. Dieses besagt, dass rhythmische Bewegungen ein kontinuierlicher, nie endender Teil des Lebens sind. Von der Geburt zum Tod; von Sonnenauf- bis Sonnenuntergang; von glücklich zu traurig zu glücklich, vom Sonnenschein zu Regenwolken und so weiter. Rhythmische Bewegungen sind ein unvermeidlicher Teil des gesamten Universums abgesehen von der Quelle selbst. Nach jedem Tief, kommt ein ebenso hohes Hoch, vergleichbar mit einem sich drehenden Riesenrad.

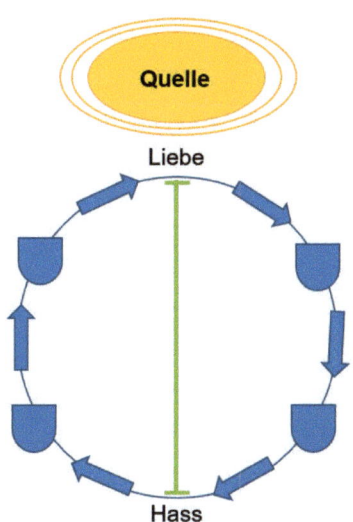

Wie du mit sämtlichen Situationen umgehst, liegt alleine an dir selbst. Nur weil der Waggon des Riesenrads sich wieder nach unten bewegt, heißt das nicht, dass du mit nach unten musst. Wir haben immer die Möglichkeit auszusteigen um in den oberen Energiefrequenzen zu verharren. Lass den Weg nach unter an dir vorüberziehen und neutralisiere so das ansonsten sicher anstehende emotionale Tief. Das Ziel hierbei ist es die schnell vibrierende Energie zu halten und schwierige Situationen in Ruhe und Vertrauen lösungsorientiert so bereinigen. Das hört sich jetzt kompliziert an, ist es aber an sich gar nicht und kann wie folgt geübt werden:

- Akzeptiere was ist ohne es zu bewerten
- Erkenne warum es in dein Leben kam und beantworte die drei vorab erwähnten Fragen
- Fokussiere den dominanten Pol
- Nimm eine Metaposition ein
- Erinnere dich daran, dass deine Emotionen dich nicht beherrschen

Die Metaposition macht eine konstante Energiefrequenz möglich, auch wenn der Riesenradwaggon auf dem Weg nach unten ist, da du dich durch sie sozusagen über der Gesamtsituation platzierst und möglichst objektiv auf alles herabschaust. Du versucht mit der Metaposition das Gesamtbild zu erkennen mit dem was war und dem was sein mag. Sehr oft relativieren sich Situationen so schon ein wenig, Lösungen werden gefunden, du behältst alle anderen guten Dinge im Blick und deine Frequenz bleibt konstant hoch. Schwierige Situationen sind nun leichter und teilweise schneller zu meistern, das Leben wird einfacher, denn jetzt hast du die Werkzeuge und Kenntnisse um gegenzusteuern wenn etwas aus den Fugen gerät.

ᏸᎧ ● ᏣᏕ

Obwohl ich meine Depressionen medikamentös behandle spüre ich sehr selten und sehr unterschwellig noch kleine Schübe. Naturgemäß verunsicherte mich das im ersten Moment, ich bekam Angst, dass die Medikamente ihre Wirkung verlieren und die volle Depression wieder ausbricht. Ich konzentrierte mich auf meine Sorgen und Ängste ohne dabei zu merken wie ich mit dem Riesenrad den Weg nach unten ansteuerte. Als mir dies jedoch bewusst wurde, konzentrierte ich mich auf den dominanten Pol, in diesem Fall dem Vertrauen. Wenn ich nun einen unterschwelligen depressiven Schub fühle sage ich zu mir selbst: „Gut, es ist wohl wieder mal soweit. In wenigen Tagen ist der Schub wieder vorbei, stärker wird er nicht werden und dann ist alles wieder normal. Bis dahin mach etwas langsamer, verwöhne dich und denke an all deine Geschenke."

Meine Depression verschwindet deshalb nicht. Sie wird nie ganz verschwinden, da es sich um eine genetisch bedingte Depression handelt. Aber ich komme damit zurecht. Sie ist ein Teil von mir, aber sie beherrscht mich nicht. Das habe ich akzeptiert. Ohne diese Krankheit wäre ich nicht der Mensch, der ich heute bin. Außerdem bin ich dadurch in der Lage vielen Menschen in ähnlichen Situationen zu helfen, einfach weil ich weiß wie es sich anfühlt und wie wichtig es ist jemand an seiner Seite zu haben der einen auf diesem dunklen Pfad begleitet. Denn nur durch solch eine Unterstützung fand auch ich heraus aus der Dunkelheit.

৪১ ● ଓ

Den Großteil meines Lebens war ich, wie so viele anderen Menschen auch, voller Angst. Ich hatte Angst davor nicht dazuzugehören, zu versagen, nicht geliebt zu werden, mich zu blamieren und unzählige andere Dinge. Ich hatte sogar Angst davor mir eine Pizza zu bestellen oder alleine essen zu gehen. Nun, Angst ist eine hinterlistige Schlampe! Läufst du nachts alleine durch einen Park, dann hast du natürlich einen guten Grund ängstlich zu sein, denn das ist tatsächlich gefährlich. Die Ängste von denen ich hier jedoch spreche, sind nicht fundiert. Es handelt sich hierbei nicht um Ängste einer bestehenden reellen Gefahr, sondern um ungesunde Gedanken über eine Möglichkeit die gegebenenfalls eintreffen könnte. Es gibt jedoch keine Garantie dafür, dass diese Situation auch tatsächlich eintritt. Angst und Vertrauen sind zwei Pole auf einem Kontinuum, Vertrauen ist jedoch so viel angenehmer. Und wenn man bedenkt, dass unsere Gedanken sich manifestieren, dann ist es doch viel sinnvoller vertrauenswürde und schöne Situationen entstehen zu lassen. Vertrauen ist der Quelle am nächsten, es fühlt sich gut an und wird vom Universum unterstützt. Eine Kollegin sagte mir einmal: „Ziehe die Schuhe erst aus wenn du am Wasser bist." In anderen Worten, mach dir keine Gedanken über Probleme die noch nicht da sind und möglicherweise auch gar nicht eintreffen. Kümmere dich erst darum, wenn es soweit ist. Alles andere ist ein unnötiges Herabsetzten der Schwingungsfrequenz und somit verlorene Lebensqualität. Sorgen und Ängste helfen dir nicht. Sie lösen deine Probleme nicht. Sehr oft sind sie noch nicht einmal real. Alles was sie können ist dich runterziehen und krank machen.

Ein Buch welches ich jedem Menschen gerne ans Herz legen würde ist „Sorge dich nicht, lebe!" von Dale Carnegie. Es beinhaltet eine sehr große Auswahl an Möglichkeiten seine Ängste und Sorgen zu überwinden und es hatte einen unglaublich positiven Einfluss auf meinen Heilungsprozess. Eine Methode dieses Buches, welche für mich sehr gut funktioniert ist die, dass ich mir in schwierigen Situationen folgende Frage stelle: Was ist das Schlimmste was passieren kann? Und dann akzeptiere ich dieses Worst-Case-Szenario und finde mich sozusagen damit ab. Das Vertrauen in den Prozess und die Gewissheit, dass am Ende alles gut ist, vereinfacht die Akzeptanz des Schlimmsten erheblich. Es vernichtet gleichfalls meine Sorgen und in den allermeisten Fällen tritt das Schlimmste was passieren kann gar nicht ein. Im Gegenteil. Lasse nicht zu dass die hinterlistige Schlampe namens Angst sich hinter deinem Rücken grinsend die Hände reibt, während du dir über alles Mögliche sorgst was passieren könnte oder eben auch nicht. Entscheide dich für Vertrauen und kümmere dich um die Situationen wenn sie passieren, dann aber mit einer hohen Energiefrequenz und dem Universum an deiner Seite.

Das Prinzip der Kausalität

Zufälle gibt es nicht! Das ganze Leben besteht aus einer einzigen Aktions- und Reaktions-Kette; ein so komplexes Netzwerk, dass es die Grenzen unseres menschlichen Verstandes bei weitem überschreitet. Möglicherweise verstehen wir warum die eine oder andere Situation eingetreten ist, jedoch sehen wir nie das ganze Bild, denn alles ist miteinander verknüpft. Hier müssen wir ganz einfach dem Prozess vertrauen.

Wenn es also keine Zufälle gibt, ist dann alles vorbestimmt? Warum dann überhaupt Entscheidungen treffen und Verantwortung übernehmen wenn es sowieso keinen Unterschied macht?

Nun, weil du dein Leben sehr wohl beeinflussen kannst, nämlich im Rahmen der universellen Gesetze. Innerhalb dieser Grenze kannst du ein selbstbestimmtes Leben führen. Du kannst dich auch gegen den Weg deiner Seele entscheiden, jedoch wirst du damit kaum glücklich werden, weil du damit dir selbst schadest. Vorbestimmung und Freiheit sind ebenfalls zwei Pole auf einem Kontinuum. Freiheit ist hierbei der dominante Pol. Du und alle anderen Menschen haben immer die Wahl, entweder geführt zu werden und sich von der Kette der Kausalitäten mitziehen zu lassen, oder aber aktiv das Spiel mitzugestalten, Aktionen zu schaffen und euer Schicksal zu gestalten. In Verbindung mit dem Bauchgefühl, im Rahmen der Hermetischen Prinzipien, bist du in der Lage, ein selbstbestimmtes und erfülltes Leben zu leben, in Harmonie mit deinem göttlichen Kern. Oder aber du kannst dich mit dem abfinden, was übrig bleibt.

Nimm die Metaposition ein, um dir einen Überblick deines momentanen Status-Quo zu verschaffen. Steig aus dem Riesenrad-Waggon, reiß dich zusammen und übernehme die Kontrolle deines Lebens. Ja, das Leben kann ein Arschloch sein, wenn du es ihm erlaubst. Dafür ist es aber nicht gemacht, denn du und jede andere Seele dieses Universums verdienen bedingungslose Liebe und Glückseligkeit.

ᛉ ● ᚷ

Während meiner Jungend, machte ich mir keine ernsthaften Gedanken über mein Leben und, wie ich dieses leben wollte. Ich hatte meine Träume, jedoch keinerlei Pläne und Ambitionen, diese auch in die Tat umzusetzen. Die unbewusste Entscheidung, keine Entscheidungen zu treffen führte zu einem Leben, das nicht für mich bestimmt war. Natürlich könnte ich jetzt eine diverse Anzahl von Menschen dafür verantwortlich machen, die mich beeinflussten ohne zu wissen, was wirklich gut für mich ist. Als hätte das hilflose kleine Ich keine Entscheidungsfreiheit. Die Wahrheit jedoch ist, dass ich sehr wohl die Wahl hatte mich zu entscheiden und ich entschied, mich nicht anzustrengen, weder in der Schule noch in der Freizeit. Ich entschied, nicht darüber nachzudenken, wie ich mein Leben gestalten sollte, sodass meine Eltern diese Entscheidungen für mich trafen. Natürlich wollten sie in meinem besten Interesse handeln, so gut es eben ging, aber nur ich alleine bin in der Lage, mich mit meiner Seele zu verbinden, denn nur ich bin für mich verantwortlich. Nur ich kann erfahren, was ich möchte und was mir gut tut und was mich glücklich macht und erfüllt. Als ich das endlich erkannte (lieber spät als nie), traf ich die Entscheidung ein aktiver Mitspieler in meinem Spiel des Lebens zu sein. Ich fand heraus, was mich erfüllt und entschied mich dafür zu arbeiten und diese Ziele zu erreichen. Wie sich herausstellte, liebe ich es zum einen, für andere Menschen da zu sein und sie durch schwierige Situationen zu begleiten. Deshalb gründete ich „Takoda Village" ein Zentrum für Beratung, Lebenshilfe und Spiritualität. Zum anderen, liebe ich Tiere, insbesondere Pferde, weshalb ich zwei Ponys aufnahm, die ein neues Zuhause suchten. Mein Bauchgefühl sagte mir, dass dies die absolut richtige Entscheidung ist und ich immer in der Lage sein werde für sie zu sorgen, denn sie sind dafür bestimmt einen festen Platz in meinem Leben zu haben. Mittlerweile unterstützen sie mich sogar bei der Arbeit mit Klienten. Wenn sie irgendwann mal von mir gehen, wird es natürlich sehr schmerzhaft sein, aber ich habe gelernt loszulassen und früher oder später kehren wir alle zurück zur Quelle. Nichts ist jemals wirklich tot oder verloren.

Das Prinzip des Geschlechts

Männliche und weibliche Energien sind Grundbestandteile jedes Lebens. Sie sind abhängig voneinander und beide von gleicher Wichtigkeit. Sie ermöglichen das Leben und die Schöpfung auf allen energetischen Ebenen und in allen Bereichen, sei es die tatsächliche Entstehung eines Lebens, das Entwickeln von Ideen oder die Weiterentwicklung des eigenen Selbst.

Die männliche Energie setzt in erster Linie die Impulse. Sie ist notwendig um einen Anfang zu finden, die Idee in Gang zu setzten, der kreative Funke sozusagen.

Die weibliche Energie empfängt diesen Impuls und setzt ihn dann um. Sie ist verantwortlich für die Umsetzung, arbeitet im Hintergrund und sorgt für die Manifestation des männlichen Funkens.

Ein perfektes Beispiel ist tatsächlich die Entstehung des menschlichen Lebens. Der Mann sendet, die Frau empfängt und setzt um. Die männliche Energie in jedem Menschen hat die Ideen und Pläne während die weibliche Energie diese umzusetzen weiß. Es ist also besonders wünschenswert hier einen Ausgleich zu schaffen. Beide Energien sollten in gleichem Maße vorhanden sein, um dir ein möglichst unabhängiges Leben zu gewährleisten, denn nur bist du in der Lage, Impulse zu setzten und diese dann auch zu realisieren. Menschen mit einem überwiegenden Anteil männlicher Energie, haben gegebenenfalls eine Unmenge an tollen Ideen, können diese aber ohne fremde Hilfe nicht umsetzen. Auf der anderen Seite sind Menschen, die einen größeren Anteil weiblicher Energien in sich tragen oft in der Lage alles Mögliche zu erschaffen, es fehlt aber einfach an zündenden Ideen.

Egal ob du nun männlich oder weiblich bist, du trägst beide Energien in dir und umso ausgeglichener sie sind, umso eher bist du in der Lage, das Leben zu erschaffen, dass richtig für dich ist. Solltest du das Gefühl haben, dass deine Energien sehr unausgeglichen sind, dann sorge dich nicht zu sehr darüber. Sobald du deine Transformation beginnst, an dir arbeitest und dein Leben sozusagen aufräumst, gleichen sich die Energien in dir automatisch an.

Das Prinzip des Geschlechts verstärkt zudem unser Verständnis für die Geduld. Es gibt einfach Dinge die länger brauchen, als andere. Das liegt daran, dass ganz vieles im Hintergrund abläuft. So ist es naturgemäß auch bei persönlichen Prozessen. Wundere dich nicht, wenn es etwas dauert, bis du bereits gewonnene Erkenntnisse auch tatsächlich umsetzen kannst. Deine weibliche Energie kümmert sich darum. Sei geduldig mit dir selbst und mit anderen und vertraue dem Prozess.

ᏽᏽ ● ᏲᎩ

Früher waren meine Energien alles andere als ausgeglichen. Mein weiblicher Energieanteil war wesentlich höher als der männliche. Das führte dazu, dass ich zwar alles Mögliche erledigen konnte, jedoch keine eigenen Ideen hatte. Ich war nicht in der Lage, zu erkennen, welche Möglichkeiten das Leben mir selbst bot um es zu verbessern. Je weiter ich meinem Weg folgte, umso wachsamer wurde ich auch. Meine eigene Heilung schritt voran, meine Seele trat zum Vorschein und ich war geerdet und ausgeglichen. So auch meine männliche und weibliche Energie. Dieser Ausgleich ermöglichte es mir, mein Leben selbständig zu gestalten ohne ständig auf die Hilfe und die Kreativität anderer angewiesen zu sein. Wenn ich etwas nicht alleine bewältigen kann, dann weiß ich, wen ich fragen oder wo ich recherchieren kann. Ausgeglichene Energien führen zu einer erstaunlichen Unabhängigkeit, welche ich nicht mehr missen möchte und dank des Prinzips der Entsprechung, steht mir ständig Hilfe zur Verfügung, obwohl ich nicht darauf angewiesen bin. Die Energie, die ich sende vermittelt Tatkraft und Fähigkeit und genau solche Energien empfange ich auch. Und nur weil man in der Lage ist alles alleine zu schaffen, heißt ja nicht, dass man das auch muss. Hilfe anzunehmen ist kein Zeichen von Schwäche, im Gegenteil. Hierbei geht es lediglich darum, möglichst unabhängig und somit frei zu sein. Des Weiteren ermöglicht uns ein ausgeglichenes Energieniveau auch andere zu unterstützen und ihnen zur Seite zu stehen. Denjenigen, die noch nicht in der Lage sind, ihren Energiehaushalt auszugleichen. Denn was gibt es Schöneres, als Gutes zu tun.

Universelle Unterstützung

Intro

Die sieben universellen Gesetze sind eine gute und notwendige Basis für ein gesundes und glückliches Leben. Jetzt ist es aber ja leider so, dass die meisten von uns schon mehr als einmal ziemlich großen Mist gebaut haben. Wir haben uns selbst aus den Augen verloren, wir haben damit aufgehört auf unseren Bauch zu hören, wir haben schlechte Angewohnheiten und noch schlechtere Glaubenssätze, welche wir nie in Frage stellen. Wir verkaufen uns unter Wert, weil wir vergessen haben wo wir herkommen und wer wir sind und oftmals tun wir alles dafür, geliebt und beschützt zu werden, außer uns selbst zu lieben und zu schützen. Wir haben vergessen wie man lebt. Wir vergaßen dies bereits vor vielen Generationen, weswegen die meisten von uns nicht einmal realisieren, dass das was sie fühlen keine echte Freude ist sondern ein billiger Ersatz und sehr viel Schönrederei. Wobei wir diesen „billigen" Ersatz sehr teuer bezahlen. Sehr oft ist es die moderne Zivilisation, die uns glauben lässt was wir meinen zu brauchen und zu wollen und wie unser Leben zu sein hat, jedoch kann dieser Glauben in der Regel nicht weiter entfernt der Wahrheit liegen denn er hat weder mit unserem wahren Sein etwas zu tun, noch mit unserer wahren Herkunft.

Warum sind wir also hier? Stell dir bitte mal Folgendes vor: Du bist eine bezaubernde Kugel reiner Energie und befindest dich inmitten der Quelle. Du fühlst dich glücklich, zufrieden und geliebt. Wieso solltest du diesen wundervollen Ort also jemals verlassen wollen? Weil du auf der Erde die einmalige Möglichkeit erhältst, Erfahrungen zu sammeln. Du bist in der Lage, Berührungen zu empfinden, zu lachen, zu weinen, Aufregung zu erfahren, die Schönheit in allen Dingen zu sehen und unglaubliche Abenteuer zu erleben. Auf der Erde können wir unser eigenes, wundervolles Licht leuchten sehen, so lange wir unserer Seele treu bleiben. Und hier liegt der Hund in der Regel begraben. Wir lassen uns ablenken, wir verweigern unserer Seele, was sie benötigt, um gesund und glücklich zu sein, weil wir vergessen haben, wie man auf sie hört. Bevor wir merken, wie uns geschehen ist, verwandelt sich unser magisches Leben in ein hartes und grausames, in dem alles ein unendlicher Kampf zu sein scheint. Es ist ermüdend und frustrierend und umso mehr wir uns in diese Müdigkeit und diesen Frust hineinsteigern, umso weiter zieht es uns nach unten, teilweise in eine fast absolute Finsternis, so wie mich damals. Jedoch bin ich sehr dankbar dafür, denn der einzige Ausweg war der nach oben und der einzige Weg nach oben führte durch die Lösung meiner Lernaufgaben.

Lieben wir nicht alle die Herausforderung? Selbst wenn nicht, bleiben sie dir nicht erspart. Umso weiter du deinen Weg gehst, umso mehr Herausforderungen werden dir begegnen. Das Universum sorgt dafür, ob es dir nun gefällt oder nicht, weil die Quelle möchte, dass du glücklich bist. Auch wenn du vielleicht momentan keinen Zugang zu deiner Seele hast, so hat die Quelle diesen nie verloren und sie kann es nicht ertragen dich in eine Richtung laufen zu sehen, die deiner Seele nicht gut tut. Deshalb versucht sie dich immer wieder darauf aufmerksam zu machen und dir deine richtige Richtung zu zeigen. Oft habe ich mir gedacht, dass eine einfache Email doch viel einfacher wäre. Nur eine kurze Nachricht, die mir mitteilt, was ich gerade falsch mache und warum dies nicht im Sinne meines göttlichen Kerns ist. So funktioniert es aber leider nicht. Menschen verstehen diese Dinge nur durch das eigene Erfahren. Sie brauchen den AHA-Effekt um Erkenntnisse zu verinnerlichen, um sie wirklich zu verstehen. Ansonsten ist es vergleichbar mit einem netten, weisen Zitat auf einer Postkarte, welches man zwar kennt aber dennoch nie wirklich begreift.

Fast jede schwierige oder unangenehme Situation im Leben ist eine Lernaufgabe. Du kannst sie zwar ignorieren, so wie ich es jahrelang getan habe, aber sie werden immer wieder in der einen oder anderen Weise auftauchen und sie werden mit jedem Mal deutlicher. Sich ihnen zu stellen und sie zu bewältigen, führt nicht nur zu spirituellem Wachstum, es macht dich zum Herr deines eigenen Lebens. Alles kommt zu dir, wenn der richtige Zeitpunkt dafür gekommen ist. Hab Geduld und bewältige eine Herausforderung nach der nächsten. Bald schon wirst du dein Licht wieder leuchten sehen.

Alles, was nicht mit deinem Seelenweg über-einstimmt, muss bearbeitet werden, egal wie lange der Ursprung dieser Dinge zurück liegen mag. Hier können dir ungesunde Glaubensätze begegnen, sowie ein inneres Kind, das Heilung benötigt. Schatten müssen möglicherweise aufgelöst werden, dein Ego benötigt gegebenenfalls einen Feinschliff und es kann sehr gut sein, dass dir wieder bewusst gemacht werden muss, wie wertvoll du tatsächlich bist. Auf all diese Dinge werde ich in den folgenden Kapiteln näher eingehen. Vielleicht liegen sehr viele Hindernisse vor dir, sich von ihnen einschüchtern zu lassen, wird dein Leben aber nicht einfacher machen. Sobald du damit anfängst, an dir zu arbeiten setzt du einen Prozess in Gang, der mit einer kleinen

Lawine vergleichbar ist. Sie nimmt ihren Lauf und überrollt eine Herausforderung nach der nächsten. Du reitest auf dieser Lawine, bearbeitest dein Baustellen, bis du den Nullpunkt erreichst, an dem nichts mehr aufzuarbeiten oder zu heilen ist. Hier erkennst du, wie wertvoll und einzigartig du bist. Du wirst kein Bedürfnis mehr danach haben über Vergangenes zu grübeln oder andere Menschen und deren Makel zu verurteilen. Du wirst den Moment genießen wollen, das Hier und Jetzt und bevor dir bewusst ist was gerade passiert, wird dein ganzes Leben sich sehr positiv verändern. Auch wenn wir natürlich alle nie auslernen.

Warum also sind wir hier? Um die Wunder des Lebens zu erfahren. Um unsere Seele mit unvergesslichen, magischen Erfahrungen zu füllen, die unser Herz zum Lachen bringen. Zögere nicht. Umso eher du beginnst, umso eher erlangst du die Erfüllung, die Liebe und das Glück, das dir seit deiner Geburt zusteht.

Schatten und Spiegel

Schatten sind die Eigenschaften an dir, die du nicht erkennst oder akzeptierst. Möglicherweise verleugnest du sie, weil du sie nicht magst oder aber du hättest sie sogar sehr gerne, glaubst aber aufgrund einer falschen Selbsteinschätzung oder eines schlechten Selbstwertes nicht daran, dass du so sein könntest. Schatten sind recht einfach zu entdecken, da sie sich durch gesteigerte Emotionen bemerkbar machen. Sie wollen ja keine Schatten sein, denn sie sind ja ein Teil von dir und möchten dazugehören wie alle anderen Teile und Eigenschaften in dir auch. Dazu müssen sie aber erst in unser Bewusstsein gelangen, denn wir haben sie zwar meist unbewusst, aber nicht grundlos tief in unsere Schattenwelt verbannt. Und hier wird es dann etwas kompliziert.

Zuerst aber arbeiten wir an dem Aufdecken der eigenen Schatten. Ist es dir schon einmal so gegangen, dass eine bestimmte Eigenschaft einer anderen Person dich fast schon in den Wahnsinn treibt? Möglicherweise handelt es sich hier nur um eine Kleinigkeit, die anderen Menschen noch nicht einmal auffällt, aber du könntest die Wände hochgehen, sobald du sie bemerkst? Herzlichen Glückwunsch, hier haben wir einen perfekten Schatten. Diese Person spiegelt eine Eigenschaft wieder, die du selbst in dir trägst, aber nicht akzeptieren möchtest. Du darfst aber nicht vergessen, dass bedingungslose Liebe alles liebt. Sonst wäre sie ja nicht bedingungslos. Um bedingungslos geliebt zu werden, musst du dich erst selbst bedingungslos lieben. Das heißt mit allen Eigenschaften, Charakteristiken und Macken, die du haben magst. Liebe und Erfüllung beginnt in dir. Akzeptierst du Teile von dir nicht, die aber nun mal vorhanden sind, stehst du deiner eigenen Spiritualität, Erfüllung und deinem Glück im Weg. Das ist das komplizierte oder schwierige daran. Du musst die Wahrheit erkennen und annehmen. Du darfst dir die Dinge nicht mehr schönreden. Um einen Schatten aufzulösen musst du ihn akzeptieren und lieben und als ein Teil von dir akzeptieren. Nur weil wir eine Wahrheit nicht hören wollen, macht es sie nicht weniger wahr und solange der Schatten ein Schatten bleibt, also eine dir nicht bewusste Eigenschaft, lässt er sich nicht kontrollieren. Er wird wachsen und stärker werden, egal wie sehr du ihn verleugnest. Sobald du den Schatten aber annimmst und als einen Teil von dir integrierst und liebst, relativierst du ihn. Natürlich hast du diese Eigenschaft dann immer noch, aber du kannst sie gezielt einsetzen.

Nun zur Umsetzung. Wie bringe ich einen Schatten ans Licht? Eine Methode ist die Visualisierung. Letztlich ist es aber so, dass jeder Mensch seinen eigenen Weg finden muss um

Schatten aufzulösen. Vielleicht helfen dir geschriebene Worte dabei, oder einfach der Gedanke daran, den Schatten in Licht zu verwandeln, wie bei einer Freundin von mir. Sie muss den Schatten lediglich entdecken und schon löst er sich förmlich auf. Affirmationen sind auch eine gebräuchliche Vorgehensweise für viele Menschen. Probiere einfach verschiedene Methoden aus, du wirst spüren wenn eine davon gut für dich funktioniert.

Wie bereits erwähnt sind Schatten nicht immer etwas, das du als negativ empfindest. Möglicherweise gibt es jemanden, den du aufgrund einer Eigenschaft oder eines Talents bewunderst. Mehr, als du andere Menschen gegebenenfalls bewunderst, weil du z.B. auch gerne dieses Talent hättest. Schau nach innen. Vielleicht handelt es sich hierbei ebenfalls um einen Schatten, der nur darauf wartet, akzeptiert zu werden. Erlöse alle Schatten und entfalte dein volles Potential in allen Lebensbereichen. Das Ziel ist es, eine schattenfreie Seele, deren Licht in alle Richtungen erstrahlen kann.

 හ ● ශ

Ich war immer der Ansicht, eine sehr unterwürfige und süße Person zu sein. Ich wollte weder dominant, noch autoritär auftreten, da ich durch meinen Vater wusste, wie schwierig eine solche Person sein kann. Des Weiteren war ich davon überzeugt, dass Dominanz eine Männerdomäne sei in der Frauen nichts verloren haben. Es lag mir also fern, irgendwo für irgendetwas die Führung zu übernehmen. Ich meinte, damit zufrieden zu sein, dass mir jemand sagt, was gut und richtig ist und ich mochte keine Frauen, die sich so benahmen, wie sich meiner Meinung nach nur Männer benehmen sollten, wenn es um Dominanz und Autorität ging. Erschreckend, welch ein absurder und ungesunder Glaubenssatz mich damals beherrschte.

Nachdem ich meinen Mann verlassen hatte, und somit eine alleinerziehende Mutter dreier Kinder war, änderte sich dieser Glaube zwangsläufig. Ich wurde vor sehr viele Herausforderungen und Lernaufgaben gestellt, einige davon habe ich komplett in den Sand gesetzt, viele jedoch bestand ich und jede einzelne davon, machte mich etwas weiser und sehr viel stärker. Und dennoch war ich der Meinung, einen starken Mann an meiner Seite haben zu müssen, der auf meine Söhne und mich achtet und sich um uns kümmert. Dementsprechend suchte ich nach erfolgreichen, karriereorientierten Männern, die jedoch in der Regel, dem Himmel sei Dank, kein ernstes Interesse an mir hatten. Dann, eines Tages im April, traf ich einen Mann, der mich in vielerlei

Hinsicht zum Lachen brachte mit dem ich mich sehr wohl fühlte. Aber er war leider nicht dominant in seinem Auftreten, was anfangs ein Problem für mich darstellte. Er begegnete mir auf Augenhöhe, wie ein gleichberechtigter Freund, und das nervte mich. Dann ging ich der Sache auf den Grund, denn sogar mir wurde bewusst, dass es an sich nicht normal ist von Achtsamkeit und Respekt genervt zu sein. Und siehe da, es entpuppte sich ein gewaltiger Schatten, kombiniert mit einem ungesunden Glaubenssatz. Ich mochte keine dominanten Frauen, war aber selbst eine, was ich natürlich nicht wahrhaben wollte. Also überlegte ich eine Weile. Warum sollten Frauen denn nicht auch bestimmen, führen und Verantwortung tragen. Warum sollten dies denn einzig und allein die Männer übernehmen? Zumal es genug Männer gibt, die gar nicht böse sind, den Frauen das Management zu überlassen. Im Berufsleben geht es schließlich auch und wie komme ich überhaupt auf diesen irrsinnigen Gedanken, mich nicht alleine um meine Angelegenheiten kümmern zu können? Schließlich tue ich dies sowieso schon seit Jahren. Der Mann ist nicht weniger Mann, wenn er nicht alles entscheidet und kontrolliert, und die Frau ist kein Mannsweib, nur weil sie Verantwortungen übernimmt und organisiert. Wir sind ein Team mit gleichwertigen Mitgliedern, die auf Augenhöhe leben und arbeiten und genau so soll es sein.

Um den Schatten aufzulösen, stellte ich mir dieses Ich mit ausschließlich dieser starken und dominanten Eigenschaft vor, wie es in einer dunklen, stauben Ecke in einem Keller sitzt. Für mich ist dies die einfachste Art und Weise einen Schatten ins Licht zu holen, da ich generell sehr viel visualisiere. Das dominante Ich saß also in dieser Ecke und obwohl sie zusammengekauert war, war sie dennoch stark und stolz. Beschmutzt mit Staub und Asche, schaute sie mich mit einem ernsten Blick an. Ich stellte mir weiterhin vor, wie ich mit offenen Armen auf sie zu ging und sie so aufforderte aufzustehen, was sie auch tat. Dann schloss ich sie in meine Arme und entschuldigte mich bei ihr. Ich sagte ihr, dass sie ein willkommener Teil von mir ist und ich sie liebe und brauche. Sie lächelte und wir wurden eins.

Ja, ich liebe und akzeptiere diese Seite an mir. Das bedeutet aber nicht, dass ich jeden herum-kommandiere, der mir begegnet. Im Gegenteil. Ich bin mir lediglich darüber bewusst, dass ich mein eigener Boss bin und meine Entscheidungen für mich und meine Kinder treffe. Ich habe kein Problem mehr damit, Verantwortung zu übernehmen, Dinge durchzustehen und auch mal die Führung für etwas zu übernehmen, wenn es im Rahmen meiner Fähigkeiten liegt. Ich brauche keinen Mann oder generell einen anderen

Menschen, der mir sagt, wie ich mein Leben zu leben habe. Ich bin jetzt endlich selbst in der Lage, zu entscheiden, was ich möchte und was gut für mich ist. Natürlich genieße ich es einen Partner auf Augenhöhe zu haben, mit dem ich alles besprechen kann und natürlich macht es das Leben auch einfacher. Jedoch bin ich nicht mehr darauf angewiesen.

Ein weiterer meiner Schatten war Cinderella. Das absolute Gegenteil von meiner dominanten Seite. Ich hasste diese Disneyprinzessin! Sie ließ sich herumkommandieren, ausnutzen und misshandeln, ohne sich jemals dagegen zu wehren. Wie erbärmlich. Und wie seltsam, dass mich eine Zeichentrickfigur, die noch dazu stets liebevoll und gutmütig ist, dermaßen aufregt. Also ging ich der Sache auf den Grund und siehe da, ein weiterer Schatten kam zum Vorschein. Ich erlöste sie von der Dunkelheit, so wie ich es mit meinem dominanten Selbst tat und akzeptierte so die Seite an mir, die sich nicht zu schützen und verteidigen wusste. Mein Cinderella-Ich gab immer ihr Bestes und verdient bedingungslose Liebe, so wie jedes Lebewesen.

Wie hilft mir das jetzt? Ich habe eine dominante und wehrhafte Seite sowie eine die sich zurückhalten kann, wenn es sein muss, denn nicht jeder Kampf ist es wert gekämpft zu werden. Oft ist es sinnvoller seine Energien für Sinnvolleres aufzuheben, zumal die beste Lösung immer die ist, sich zu einigen, denn das würde die Liebe tun.

Das Innere Kind

Kleine Kinder haben die absolut wundervolle Fähigkeit, immer im Moment zu leben. Sie denken nicht darüber nach, was vor fünf Minuten passierte oder, was in fünf Minuten passiert. Kleinkinder sind immer im jetzt, sie saugen alles auf, was sie erleben und verwandeln diese Welt in ein wundervolles Abenteuerland. Alles, was sie wollen, ist Freude. Freude beim Spielen, Freude beim Essen, Freude beim Kuscheln und dann schlafen, um neue Energie zu tanken. Wie herrlich! Sie sind angebunden zu ihrer Seele und somit der Quelle, alles ist aufregend, sogar das Entdecken einer wundervollen, leuchtenden, großen und runden Apfelsine. Kinder sehen die Schönheit, die für viele von uns zur Selbstverständlichkeit wurde, denn wenn Kinder auf die Welt kommen, sind sie an ihrem Nullpunkt an dem noch alles in Ordnung ist und die Welt ihnen zu Füßen liegt.

Und dann werden sie größer und erfahren, dass das Leben nicht immer ein Spielplatz ist. So haben wir sicher alle Situationen erlebt, die wir heute verstehen und verarbeiten könnten, damals aber noch lange nicht. Wir haben uns wehgetan, wir wurden enttäuscht, wir erlebten Schicksalsschläge oder dramatische Situationen und wir bekamen Angst. Kinder, die mit bestimmten Situationen nicht umzugehen wissen, entwickeln oft Strategien und Schutzmechanismen, die ihnen helfen irgendwie durch diese Situation zu kommen. Viele von uns setzen diese unbewusst immer noch ein, obwohl wir längst in der Lage sind, schwierige Situationen zu lösen. Wie viele Menschen binden sich nicht gerne, haben Verlustängste, sind sehr schnell sehr aggressiv oder übernehmen keine Verantwortung, weil sie keine Fehler machen wollen. Nicht immer hat dies etwas mit einem verletzten Inneren Kind zu tun, aber man sollte auf jeden Fall danach schauen, denn wenn die Ursache damit zusammenhängt, ist sie korrigierbar.

Innere Kinder, die nicht heilen konnten, verursachen Schatten, Abhängigkeiten aller Art, Verlustängste, übertriebene Eifersucht und vieles mehr. Oft erzwingen sie kindische Reaktionen auf bestimmte Situationen, wie das Weglaufen von Problemen, um jeden Preis von einer bestimmten Person geliebt zu werden oder sofort in die Defensive zu gehen, sobald man auf etwas bestimmtes angesprochen wird. Des Weiteren wird das Leid, welches ein Kind ertragen musste, oft weitergegeben in die nächste Generation. Umso wichtiger ist es, das innere Kind davon zu befreien, so dass dieser Kreislauf endlich unterbrochen wird.

Dein Inneres Kind zu heilen, spielt eine sehr große Rolle in der Heilung deines Lebens. Heilung beinhaltet jedoch immer folgende Aspekte:

- Akzeptanz für das Geschehene
- Vergebung für Andere und für dich selbst
- Die Fähigkeit, loszulassen
- Ein Versprechen an dich, dich zu lieben und zu schützen

Zu allererst musst du herausfinden, wie es deinem inneren Kind geht. Möglicherweise erfordert dies am Anfang etwas Übung, doch schon bald wirst du in der Lage sein, innerhalb weniger Sekunden nach deinem Kind zu schauen. Letztendlich handelt es sich hierbei um eine Meditation, ein Blick nach innen. Wie auch bei der Schattenarbeit, muss jeder Mensch seinen eigenen Weg finden, um den Kontakt zu seinem inneren Kind herzustellen. Bei mir ist es, wie immer, die Visualisierung, vielleicht fühlst du aber eher, als das du siehst, oder bestimmte Worte oder Farben kommen dir in den Sinn, oder aber du findest einen ganz anderen Weg. Probiere es am besten einfach aus.

❧ ● ☙

Wenn ich an mein inneres Kind denke, dann sehe ich es immer spielend auf einer sehr großen

Wiese. Eine braune Kuh ist auch immer in der Nähe, auch wenn mir bis heute nicht ganz klar ist warum. Als ich jedoch das erste Mal den Kontakt zu meinem inneren Kind aufnahm, war sie einsam, ängstlich und sehr wütend. Durch das Buch „Das Geheimnis des Herzmagneten" von Ruediger Schache stieß ich auf folgende Meditation:

Ich nahm den Platz meines inneren Kindes ein. Ich war jung, vielleicht sieben oder acht Jahre alt und sehr wütend aufgrund der vielen ungelösten Situationen, die ich durchlebt hatte. Dann visualisierte ich meine Eltern, die nebeneinander vor mir standen, so dass ich ihnen alles sagen konnte was mir auf dem Herzen lag. Alles, was mich belastete, verletzte, was ich nicht verstand und, was ich einfach nicht als richtig und gerecht empfand. Hierbei ging es keineswegs um Schuld, es ging viel mehr darum zu verstehen, dass es in Ordnung ist, wütend zu sein, wenn etwas nicht gut ist, auch, wenn vielleicht niemand etwas dafür kann oder wenn niemand uns bewusst verletzt hat. Es ging darum, die Dinge im Nachgang aufzuarbeiten und meinem inneren Kind für kurze Zeit den Verstand einer erwachsenen Frau zu geben, damit sie dazu überhaupt in der Lage war. Nun stand ich also da, als kleines Mädchen und hatte den Auftrag meinen Eltern alles zu sagen, was mir auf dem Herzen lag. Ich begann zu schimpfen: „Ich weiß ihr habt euer Bestes gegeben, aber es war nicht richtig, dass ich mich so oft alleine und verlassen fühlte, dass ich mich ungerecht behandelt gefühlt habe und dass ich immer Angst haben musste. Das Zuhause sollte ein Rückzugsort sein, an dem man beschützt und geliebt wird! Jedes Kind hat ein Geburtsrecht auf Schutz und bedingungslose Liebe! Es war nicht richtig, dass......" Ich schimpfte einige Minuten lang, alles was ich damals nicht verstand, alles was ich nicht als richtig empfand und alles was mich verletzte und enttäuschte, wurde ausgesprochen. Ohne Konsequenzen, ohne schlechtes Gewissen, denn es ging um Heilung, Vergebung, Akzeptanz und Loslassen. Umso mehr ich redete, umso besser fühlte ich mich und dann begann ich zu wachsen und transformierte das Kind-Ich in die Frau, die ich heute bin, jedoch irgendwie besser, gesünder und stärker. Mir wurde bewusst, dass ich diesen Schutz und diese Fürsorge und Liebe nicht mehr von meinen Eltern brauchte, denn ich war ja jetzt selbst eine erwachsene Frau. Ich kann und muss mir, beziehungsweise meinem inneren Kind all diese Dinge geben und diese Löcher, die damals in ihm entstanden sind, füllen.

Meine Eltern verschwanden und mein inneres, kleines Kind stand vor mir. Sie schaute mich mit großen, fragenden Augen an. Ich nahm sie fest in den Arm und sprach: „Es tut mir so leid, dass ich *dich nicht beschützen konnte und dir nicht helfen konnte, zu verstehen. Ich verspreche dir von jetzt an und für immer für dich da zu sein, dich zu schützen und bedingungslos zu lieben."*

ဆာ ● ⱦ

Seitdem ist mein kleines Mädchen glücklich. Ich schaue regelmäßig nach ihr. Diese Meditation war eine meiner intensivsten und natürlich ist mir bewusst, dass ich mir damals nicht hätte helfen können. Warum habe ich mich dann bei mir entschuldigt? Weil Schuldgefühle nicht immer rational sind und es meine Art war, loszulassen. Dein inneres Kind benötigt Schutz und es muss wissen, dass es in Ordnung ist wütend auf bestimmte Situationen zu sein. Du, als Erwachsener, kannst die Dinge womöglich nachvollziehen und würdest vielleicht sogar genauso reagieren. Du kannst eher verstehen, warum manche Situationen nicht anders hätten sein können und trotzdem machen sie dich manchmal wütend oder traurig. Gefühle sind neutral und wertfrei. Es ist in Ordnung, sie zu fühlen. Fühle sie, nimm sie zur Kenntnis und lass sie weiterziehen. Wie du auf sie reagierst, ist möglicherweise fragwürdig, aber es ist immer richtig, über sie zu sprechen und sie zu verarbeiten. Ansonsten sind weitere Schatten und andere Hindernisse in deinem Leben vorprogrammiert.

Bitte zögere nicht regelmäßig nach deinem inneren Kind zu schauen und hilf ihm, falls notwendig. Versuche verschiedene Methoden aus um festzustellen welche am besten für dich funktioniert. Möglicherweise wirst du anfangs weinen müssen, das musste ich auch. Lasse es zu. Das Weinen kann sehr gesund sein und hilft dabei, nicht mehr benötigtes endlich loszulassen.

Dein Ego – Dein Freund

In der Regel wird das Ego nicht wirklich als etwas Positives dargestellt. Meistens gilt es, das Ego zu besiegen und zu vertreiben, weil es dir nichts Gutes möchte und dich ständig in Schwierigkeiten bringt. Das ist so aber nicht ganz korrekt. Es kommt immer darauf an, wie genau dein Ego geprägt ist und wie du es einsetzt. Lebst du ein bewusstes Leben im Einklang mit deiner Seele, dann wird dein Ego zu deinem Verbündeten.

Deine Seele und dein Ego ergeben deine irdische Persönlichkeit. Dein Aussehen, deine Interessen, deine Vorlieben, deine Abneigungen und alles andere, was dich zu einem Individuum macht. Deine Seele ist, wer du bist und dein Ego ist dein Motor, dein Assistent, Chauffeur und Beschützer. Ohne dein Ego, kann deine Seele ihre Träume und Pläne hier auf Erden nicht verwirklichen.

Ohne die Anbindung zu deiner Seele, die dir genau sagt, was du brauchst, um glücklich und erfüllt zu sein, ist dein Ego quasi herrenlos und orientiert sich an den Einflüssen deiner Umwelt. Die Medien, die Nachbarn, Freunde, deine Familie prägen nun dein Ego, sodass du alles Mögliche in die Tat umsetzt, es dich jedoch ganz oft nicht einen Schritt weiter bringt. Das neue Auto, das deinen Nachbarn so zufrieden stellte macht dich auch nicht glücklicher und der Beruf, den du aus Vernunftgründen gewählt hast, bereitet dir Magenschmerzen. Nur deine Intuition weiß, was wirklich richtig für dich ist.

Dementsprechend ist eine gute Anbindung an deinen göttlichen Kern natürlich eine Grundvoraussetzung für ein Ego, das in deinem Sinne arbeitet. Da dies ein so wichtiges Thema ist, erhält das Bauchgefühl im Verlauf des Buches sein eigenes Kapitel.

Selbst wenn du bereits eine gut ausgebildete Intuition hast, kann es immer wieder zu Situationen kommen, in denen du dir einfach nicht sicher bist ob es dein Bauch ist, den du fühlst, oder dein Ego, dass sich gerade selbständig zu machen versucht. In dem Fall ist es auch nicht wichtig, ob es sich um einen materiellen Wunsch handelt oder um etwas, das du sagen oder machen möchtest. Denn die Seele und das Ego sind für alle Ebenen deines Lebens zuständig. Wenn du dir also nicht sicher bist, wer gerade ein Bedürfnis in dir geweckt hat, dann frage dich folgendes:

- Muss ich das wirklich sagen, machen oder haben?
- Warum möchte ich das sagen, machen oder haben?

- Wie fühle ich mich, wenn ich mir vorstelle, es zu sagen, zu machen oder zu haben?
- Ist es notwendig und liebevoll es zu sagen, zu machen oder zu haben?
- Wenn ich die Liebe wäre, würde ich es dann immer noch sagen, machen oder haben wollen?

Möglicherweise hilft dir das, zu ermitteln, ob dein Wunsch deiner Seele entspricht, oder nicht. Oft ist es so, dass reine Ego-Wünsche von ganz alleine wieder verschwinden, sobald du herausgefunden hast, woher sie kommen.

ଈ●ଈ

Vor einigen Jahren stand ich einer Person sehr nahe, die Heilerin war. Sehr war sehr gut in dem, was sie tat und half vielen Menschen damit. Ich bewunderte sie sehr und als ich mehr und mehr über ihre Tätigkeit erfuhr, war ich mir sicher auch eine Heilerin sein zu wollen.

Sie half mir dabei den Einstieg zu finden und ich war mit Leib und Seele dabei. Ich lernte und übte und nahm die ganze Sache sehr ernst, während ich gleichzeitig ignorierte, dass es mir von Tag zu Tag schlechter ging. Das ganze ging so weit, bis ich wieder regelmäßig depressive Schübe erlitt. Irgendwann hörte ich endlich auf meinen Körper und ließ die ganze Sache sein. Immer, wenn ich etwas entscheide, was nicht meinem Seelenwohl entspricht, reagiert meine Seele darauf indem sie mich ein wenig unglücklicher sein lässt. Ignoriere ich dieses Gefühl, dann wird es eben stärker. Solange, bis ich zusammenbreche und ich so dazu gezwungen werde, es sein zu lassen. Ich wollte so sehr eine Heilerin sein, dass ich alles was ich fühlte, wegschob und schönredete. Doch sobald ich diese Idee aufgab, fühlte ich mich von Tag zu Tag wieder besser und mir wurde bewusst, dass ich dieses Ziel aus den falschen Gründen heraus verfolgte. Ich dachte, eine Heilerin zu sein, würde mich zu etwas besonderem machen und Menschen würden mich dafür bewundern, genau wie sie meine Freundin bewunderten. Heiler sind zudem immer etwas mysteriös und einzigartig, sie wirken mächtig und unnahbar und das sind vielleicht alles Gründe, um Heilerin zu werden, aber sicherlich keine die irgendeinem Seelenwohl entsprechen. Ja, ich möchte Menschen helfen, nach wie vor, aber nicht aus den Gründen und nicht als Heilerin.

Oftmals wünschen wir uns das, was wir in anderen Menschen bewundern. Wir sollten uns aber immer fragen ob dies uns wirklich glücklich mache würde. Ich bin etwas Besonderes und einzigartig, ob ich nun Heilerin bin oder nicht. Ich erreiche viel Gutes, einfach, indem ich zuhöre, berate und unterstütze.

Menschen, die ihr eigenes, ganz persönliches Glück gefunden haben, ganz egal was es ist, verbreiten eine sehr positive Energie, die hilft die Welt zu verändern. Möglicherweise verkaufst du Luxusautos an unfassbar wohlhabende Menschen und das macht dich unfassbar glücklich. Perfekt. Glücklich ist glücklich. Nicht jeder von uns muss Therapeut, Arzt oder Heiler sein. Wir müssen alle lediglich unsere Leidenschaft für etwas entdecken und diese leben.

Das Bauchgefühl

Wir haben es alle, aber die meisten von uns nehmen es nicht wahr. Das Bauchgefühl – deine Intuition.

Das ist tatsächlich sehr tragisch, da, wie bereits mehrfach erwähnt, das Bauchgefühl die direkte Anbindung zu deiner Seele darstellt und du nur so erfahren kannst, was du brauchst um wirklich glücklich zu sein. Dein Bauchgefühl ist dein Wegweiser und Schlüssel zu einem erfüllten Leben.

Wie der Name schon sagt, handelt es sich bei deinem Bauchgefühl um ein Gefühl. Hast du keine wirkliche Anbindung mehr, dann ist es vielleicht ein sehr kleines und schwaches, kaum wahrnehmbares Gefühl, aber ganz verschwindet es nie. Deine Seele versucht immer wieder Kontakt zu dir aufzunehmen, egal wie weit entfernt du zu sein scheinst. Sobald du wieder anfängst auf dieses Gefühl zu achten, wird es deutlicher werden. Irgendwann hast du dann gegebenenfalls sogar das Gefühl, es würde dir jemand etwas ins Ohr flüstern, auch wenn das in der Regel einiges an Übung und Zeit erfordert.

Wie weißt du also nun, ob dein Bauch versucht dir etwas mitzuteilen?

Ein schlechtes Bauchgefühl äußert sich sehr oft durch Übelkeit, Zweifel, Verunsicherung und Angst. Vielleicht wirst du aber auch einfach nur, scheinbar grundlos, schlecht gelaunt oder aggressiv. Fühlst du dich nicht wohl, vor allem auf der emotionalen Ebene, dann geschieht vermutlich etwas in deinem Leben mit dem deine Seele nicht einverstanden ist. Symptome wie diese, wobei auch körperliche Schwierigkeiten wie steife Schultern oder ähnliches ein Anzeichen sein können sind oft ein Warnzeichen, die dich auffordern dein Leben zu hinterfragen. Gab es Veränderungen zu Hause oder auf der Arbeit? Musst oder musstest du eine größere Entscheidung treffen? Hast du Auseinandersetzungen mit bestimmten Personen? Vergiss nicht ehrlich zu dir selbst zu sein. Dein Bauchgefühl führt dich, wenn du es zulässt.

Ein gutes Bauchgefühl äußert sich durch Gefühle von Glück und Dankbarkeit. Du weißt einfach, dass etwas richtig ist, ohne dass du das Gefühl hast dich dafür rechtfertigen zu müssen. Schon alleine der Gedanke daran bringt dich zum Lächeln und erhöht deine Energiefrequenz.

Als junges Mädchen nahm ich Reitstunden, da ich, wie fast alle Mädchen, Pferde liebte. Mit dem Eintreten der Pubertät jedoch und einem Umzug in ein anderes Land geriet dieses Hobby in Vergessenheit. Die Jahre vergingen, ich wurde erwachsen, arbeitete, heiratete und bekam meine drei wundervollen Söhne. Zu diesem Zeitpunkt hatte ich viele meiner Kindheitsträume und Leidenschaften aufgegeben, ohne, dass mir dies wirklich bewusst war. Dann überkam mich mein Burnout, meine Ehe war hinüber und ich begann mit einer neuen Arbeit. Das Büro teilte ich mir mit einer Frau, die ein Pferd besaß. Wir teilten uns dieses Büro etwa drei Jahre lang, sie ist eine sehr liebenswerte Person, die ich während dieser Zeit auch recht intensiv betreute, da sie einiges an Beratung brauchte. Letztendlich war sie meine erste Klientin und später gute Freundin.

Eines Tages, ich weiß schon nicht mehr genau wie wir auf das Thema kamen, erzählte ich ihr, dass ich auch gerne mal wieder auf einem Pferd sitzen würde. „Das ist ja wohl das Leichteste!", sagte sie „Wen kennst du der ein Pferd hat und dir gegenüber sitzt?" Wenige Tage später nahm sie mich mit in den Stall. Hier durfte ich ihr Pferd kennenlernen, putzen und dann auch reiten. Meine

Freundin nahm ein anderes Pferd und wir ritten gemeinsam die Feldwege entlang. Es war ein warmer Spätsommertag, die Sonne schien, ein leichter Wind wehte und ich hatte das wundervolle Gefühl, dass Raum und Zeit stehen blieben, damit ich dieses traumhafte Erlebnis für immer genießen konnte. Nie zuvor war ich mehr im Hier und im Jetzt, zumindest nicht seitdem ich erwachsen war. Ich liebte jede Sekunde dieses Ausritts und das absolut sorgenfreie und durch und durch zufriedene Gefühl, das ich dadurch erhielt. Ich wusste, dass es mein Bauchgefühl war, das mir sagte: Siehst du? Pferde machen dich glücklich, Judy. Folge diesem Traum und das Universum wird dich unterstützen. Ich hörte auf meinen Bauch und tatsächlich habe ich heute zwei eigene Pferde die auf einem großen Grundstück stehen, für das wir nicht bezahlen müssen so lange wir es pflegen und in Ordnung halten. Da die Priorität der Vorbesitzer der Pferde darin lag ihnen ein gutes, neues Zuhause zu finden, waren sie auch entsprechend bezahlbar. All das geschah innerhalb einer Zeitspanne von etwa zwei Jahren.

Wenn es darum, geht mich zu warnen, ist mein Bauchgefühl mittlerweile auch sehr deutlich. Während meiner Zeit als alleinerziehende Mutter lernte ich einen sehr netten Mann kennen, der jedoch über 300 km von mir entfernt wohnte. Wir telefonierten stundenlang jeden Abend, wir hatten unglaublich viele Gemeinsamkeiten, sprachen über alle möglichen Themen und wollten beide eine ernsthafte Beziehung. Wir waren uns so sicher, dass es passen würde und hatten es so satt uns nicht sehen zu können, dass er spontan entschied, mich zu besuchen. Ich war so voller Vorfreude ihn endlich persönlich zu treffen und als er dann endlich klingelte und ich die Tür öffnete hörte ich für einen Bruchteil einer Sekunde ein sehr deutliches „NEIN" tief in mir drin. Das war aber nun mal nicht Teil des Plans. Schließlich verstanden wir uns viel zu gut, als dass dies ein wirkliches Nein hätte sein können und so entschied ich mich dafür, es zu ignorieren.

Mein Bauchgefühl ließ es jedoch nicht mehr zu, dass ich es ignoriere. Zu viel hatte ich schon gelernt und zu weit bin ich bereits gegangen, als dass es jetzt aufgeben würde. Im Nachhinein war es so, als hätte es gesagt: „Du wirst mich hören und du wirst deine Lernaufgabe heute begreifen, egal zu welchem Preis!" Und so war es auch. Umso näher wir uns kamen, umso schlechter ging es mir. Ich wollte mich so sehr in ihn verlieben und er ist über 300 km in einer Nacht-und-Nebelaktion für mich gefahren, ich musste es doch zumindest versuchen. Ich wollte ihn nicht mit einer Zurückweisung wieder nach Hause schicken. Diese Entscheidung führte jedoch dazu, dass mir sehr übel wurde, ich nach draußen ging und mich noch dazu ein depressiver Schub überkam. Es war mein Glück, dass dieser Mann nicht auf den Kopf gefallen und sehr einfühlsam war. Er erkannte, dass mein Zustand etwas mit ihm zu tun hatte und entschied sich dafür, direkt wieder nach Hause zu fahren. Ich weinte und entschuldigte mich bei ihm, war jedoch gleichzeitig auch erleichtert. Sobald sein Auto davon gefahren war, begann es, mir besser zu gehen. In dieser Nacht wusste ich endlich in welcher Art und Weise meine Seele mir mitteilt, was gut ist und was nicht. Wie mein innerer Wachhund mich auf etwas aufmerksam macht, wenn „Gefahr" bevorsteht. Endlich war es glasklar. Dies war eine sehr harte und sehr wichtige Lernaufgabe für die ich unendlich dankbar bin. Dankbar bin ich auch dafür, dass der Mann und ich heute noch befreundet sind.

 •

Das Leben selbst ist keine Schlacht. Du musst nicht ununterbrochen kämpfen. Folgst du deinem Seelenweg, deinem einzig wahren Weg, dann werden sich die Dinge für dich fügen. Du musst es nur zulassen.

Vergiss nicht, jeder Mensch ist einzigartig. Jeder hat andere Träume, Wünsche, Bedürfnisse und Sehnsüchte. Während dein Nachbar seine Erfüllung möglicherweise durch 10 Motorräder in seiner Garage erhält, findet dein anderer Nachbar sie vielleicht indem er barfuß durch die Wälder spaziert, Tiere füttert und Bäume umarmt. Die Erfüllung anderer soll nicht deine Sorge sein, letztendlich geht sie dich auch gar nichts an. Kümmere dich um deine Erfüllung. Finde heraus, was dein Herz begehrt und deine Seele glücklich macht und gestalte dann dein Leben danach.

Wenn es notwendig ist, beschütze und verteidige dich. Auch hier ist dein Bauchgefühl ein wundervoller Assistent. Es wird dir mitteilen, wenn deine Seele in Gefahr ist oder auch dann, wenn du lediglich einen Schritt zur Seite gemacht hast und somit von deinem Weg abgekommen bist. Dein innerer Wachhund sagt dir immer, ob etwas gut ist oder nicht. Trainiere ihn! Höre ihm zu und führe das Leben, das für deine Seele bestimmt ist.

Reflektiere regelmäßig, welche Energien du nach außen sendest. Sind sie liebevoll oder bösartig? Machen deine Taten dich glücklich oder müde und schlecht gelaunt? Wir werden immer wieder mit Situation konfrontiert, die nicht angenehm sind, durch die wir aber hindurch müssen. Wir sind spirituelle Wesen, jedoch leben wir in einer materiellen Welt, weswegen es wichtig ist, das irdische Leben durch deinen Bauch und deinen Verstand mit deinem spirituellen Sein zu verbinden.

Glaubenssätze

Jeder Mensch hat seine eigenen Glaubenssätze. Ein Glaubenssatz ist ein fester Glaube, den man nicht in Frage stellt. Das ist an sich ja keine schlechte Sache, wir haben ja alle unser eigenes Weltbild und Glaubensschema. Oft ist es jedoch so, dass wir durch Glaubenssätze beeinflusst werden, die uns gar nicht bewusst sind. Glaubenssätze, die wir angenommen haben, während wir aufwuchsen, weil sie uns so beigebracht wurden oder weil wir uns sie einfach abgeschaut haben. Mein Glaubenssatz bezüglich der dominanten Männer hatte ich ja bereits erwähnt. Dieser Glaubenssatz wurde mir nie von jemandem beigebracht, ich hatte einfach nur als Kind den Eindruck, dass es so sein soll und richtig ist und stellte dies für viele Jahre nicht in Frage. Warum auch? So hatte ich es schließlich als Kind erlebt und sehr autoritäre Menschen machten mir sowieso Angst. Doch dann zwang mich mein Leben, zum Glück, diese Ansicht zu hinterfragen.

Um dein wahres Glück zu finden, ist es wichtig, deine Glaubenssätze zu erkennen, und diejenigen auszusortieren, die dich aufhalten. Das funktioniert am besten, wenn du dich und die Glaubenssätze hinterfragst. Wenn immer du der Meinung bist, etwas nicht tun, sagen oder sogar machen zu können oder dürfen, dann frage dich, warum? Ist es ein für dich richtiger Glaubenssatz, dann hast du auch eine einleuchtende Begründung dafür, die sich noch dazu gut anfühlt. Ist der Glaubenssatz nicht in deinem Sinne, dann wird dir vermutlich auch keine vernünftige Antwort auf das Warum einfallen. „Weil es halt so ist!" ist nicht ausreichend. Genauso wenig wie: „Alle meine Freunde machen es auch". Die Erfüllung deiner Freunde ist nicht die deine und wer weiß schon, wie erfüllt sie tatsächlich sind? Eine weitere Antwort könnte lauten: „Was werden die anderen denken?" Es ist völlig egal was die anderen denken, denn Menschen denken immer das, was sie denken wollen und so lange du dir darüber Gedanken und Sorgen machst, kannst du keine wahre Freiheit genießen.

Vergiss nicht, du bist hier, um ein erfülltes Leben zu leben. Auch wenn das bedeutet, dass du vielleicht etwas tust, was sonst niemand auch nur annähernd als erfüllend beschreiben würde. Möchtest du in Teilzeit arbeiten, um mehr Zeit für dich und deine Leidenschaften zu haben? Kannst du dir das leisten? Na warum dann nicht? Du tust doch niemandem damit weh. Aber du hast gar keine Kinder und somit keinen Grund? Falsch! Deine Leidenschaft, dein Leben und dein Seelenwohl sind sogar drei Gründe. Sehr gute sogar. Es gibt keine Job-Polizei, die dann kommt und dir verbietet Teilzeit zu arbeiten. Das ist natürlich nur eines von vielen Beispielen. Stelle deine Begründungen für deine Entscheidungen stets in Frage und filtere so schädliche Glaubenssätze heraus. Eines nach dem anderen. Du wirst dich freier fühlen, dein Weg wird sich weiten und möglicherweise sogar in eine Richtung entwickeln, an die du vorher nie gedacht hättest.

80●cs

Neben meinem bereits erwähnten, und eher schwerwiegenden Glaubenssatz bezüglich der Rollenverteilung der Geschlechter, werde ich nun eine andere Art von Glaubenssatz ansprechen, der zwar nicht ganz so ernsthaft, aber dennoch wichtig ist.

Als meine beste Freundin, Ulli, zum zweiten Mal heiratete, entschied das Brautpaar sich für eine legere Feier auf einem Grundstück mit Grillhütte. Sie wollte hierfür kein klassisches Brautkleid und kaufte sich stattdessen eine hübsche Jeans und eine sehr schicke, schwarze Bluse, die weiß gepunktet war. Als ihre Mutter davon erfuhr, sagte sie erschrocken: „Was? Eine schwarze Bluse? Du kannst an deiner Hochzeit doch kein schwarz tragen?" Ulli antwortete trocken: „Und warum nicht? Kommt dann die Hochzeitspolizei und verhaftet mich?" Und damit war das Thema erledigt.

Dies ist ein perfektes Beispiel kleiner Dogmen, die wir in uns tragen, und nie in Frage stellen. Sie müssen nicht alle tiefgehend sein und das Leben komplett verändern, doch das Auflösen der Glaubenssätze, die längst überholt sind, werden dein Leben Stück für Stück glücklicher machen.

Der Selbstwert

Der Selbstwert ist sehr oft die Wurzel allen Übels, denn in sehr vielen Fällen, die mir begegneten, war ein zu geringer Selbstwert die Basis der Probleme. Ein gesunder und korrekter Selbstwert führt zu gesundem Selbstschutz und ebenso gesunder Selbstliebe. Sobald du erkennst, wer du bist und woher du kommst, nämlich direkt von und aus der göttlichen Quelle, wird dir bewusst werden, wie unendlich wertvoll du bist und jedes andere Lebewesen in diesem Universum ist. Du wirst dann selbstbewusst deine notwendigen Grenzen ziehen, für dich und deine Meinung einstehen und du wirst die Menschen in dein Leben ziehen, die vor und zu dir stehen, denn das bewirkt das Prinzip der Entsprechung.

Stelle dir vor, dein Leben hier auf Erden ist ein bezaubernd hübsch eingepacktes Geschenk, das dir von der Quelle selbst gegeben wurde. Du verstehst den Wert dieses Geschenkes leider nicht und behandelst es deshalb auch nicht sonderlich gut. Es liegt in einer Ecke deines Zuhauses, das Geschenkpapier ist zerknittert und eingerissen und ein paar Dellen sind auch zu sehen. Glaubst du, dass die Menschen, die dein Geschenk sehen, glauben, es sei etwas Wertvolles und Besonderes? Nein. Sie sehen eine kaputte Kiste, die in einer Ecke liegt und offensichtlich niemandem etwas bedeutet. Vermutlich werden sie die Kiste aus dem Weg treten, um mehr Platz für sich selbst zu haben. Nicht weil diese Menschen bösartig sind, sondern einfach nur, weil niemandem bewusst ist, dass sie etwas von unglaublichem Wert misshandeln.

Was glaubst du, was passiert, sobald du dein Geschenk behandelst, als sei es das wertvollste, das du je besessen hast? Du himmelst es an, polierst es, beschützt es und passt auf, dass nichts Schlimmes mit ihm passiert. Du legst es an einen ganz besonderen Ort, an dem es jeder, auch du, bewundern kann und bist sehr dankbar für das Geschenk, weil du es unendlich liebst. Niemand würde es wagen das Geschenk auch nur schief anzuschauen, denn es wäre ja offensichtlich, dass es unglaublich wertvoll ist. Entsprechend würden sie es auch behandeln.

⁣⁣⁣ ● ⁣

Mir war mein eigener Wert sehr lange nicht bewusst. Nie stellte ich mich vorne an, gab des lieben Frieden willens immer nach und wollte jedem beweisen, dass ich ein liebenswerter Mensch bin, den man gerne um sich hat. Ich habe jedoch nie jemanden davon überzeugt, am wenigsten mich selbst. Der Versuch, es allen Recht zu machen, führte zum einen dazu, dass ich sehr krank wurde, die Energien die ich dabei ausstrahlte, teilten den anderen Menschen zum anderen mit, dass ich ihnen nicht würdig sei, dass meine Gefühle nicht viel wert sind und es in Ordnung ist mich auch genauso zu behandeln. So funktioniert das Leben nun mal.

Umso mehr ich mich entwickelte, umso bewusster wurde mir mein eigener Wert. Irgendwann dann, versuchte ich nicht mehr die Erwartungshaltungen anderer zu erfüllen, da ich mittlerweile meine eigenen erschaffen hatte. Mein Ziel ist es, meine eigene Messlatte zu erreichen. Die Zeiten, in denen ich mich hinten anstellte, sind vorbei, im Grunde vermeide ich es einfach generell, mich irgendwo in eine Schlange zu stellen. Ich tue, was möglich ist, für die Menschen, die ich liebe und zu diesen Menschen zähle ich auch. Das sind die Energien dich ich heute nach Außen sende und entsprechend empfange. Ich erlaube es niemandem mehr, mich schlecht zu behandeln und mir begegnen immer weniger Menschen, die meinen, sie müssten es dennoch versuchen. Behandelt mich doch jemand in einer Art und Weise, die mir nicht gefällt, reagiere ich meistens umgehend und reflexartig. Oft hat das Verhalten nichts mehr mit einer Lernaufgabe meinerseits zu tun, sondern eher mit einer Lernaufgabe, die die andere Person betrifft. Manchmal sind wir eben auch einfach nur Spielfiguren in dieser wunderbar verrückten Welt. Aber auch das wird dein Bauchgefühl dir mitteilen.

Im Nachhinein bin ich sehr dankbar für alle Menschen, dir mir diese Energien gespiegelt haben, sie haben mir geholfen der Mensch zu werden, der ich heute bin.

ಹಿ ● ೞ

Wie bereits erwähnt ist jede Seele unendlich wertvoll. Es sind aber nicht alle Menschen auch gute Menschen. Wir wissen nicht, was wer wann durchleben musste und wieso manche Personen sind, wie sie sind. Manchmal ist die Seele tief vergraben und obwohl sie nach wie vor besonders und wertvoll ist, hat der Mensch, der sie in sich trägt, längst jeden Kontakt zu ihr verloren. Es ist in Ordnung sich von Menschen fern zu halten, die dir nicht gut tun. Es ist falsch, sich schlecht behandeln zu lassen, weil du glaubst der göttliche Kern aller Menschen möchte das so. Das Gegenteil ist der Fall und es ist völlig ausreichend den göttlichen Kern in allen Menschen zu lieben.

Energie

Es geht immer um Energie, denn Energie ist, was wir sind. Energie ist unser Treibstoff und die Quelle ist unsere Tankstelle. Solange wir mit dieser Tankstelle verbunden sind und solange wir in der Lage sind uns selbst zu heilen, unseren Selbstwert kennen und unseren Zielen und Träumen folgen, werden wir immer genug Treibstoff haben. Doch was passiert, wenn wir die Anbindung verlieren?

Dann brauchen wir möglichst schnell Ersatz. Ohne die Quelle ist die einzige andere Art an Energie zu kommen, diese anderen Menschen wegzunehmen. Dies ist in der Regel kein bewusster Vorgang. Das Buch „Die Prophezeiungen von Celestine" von James Redfield hat hierzu eine wunderbare Beschreibung der verschiedenen Arten von Energieräubern. Der Einschüchterer, der Vernehmungsbeamte, der Unnahbare und das Arme Ich. Der Einfachheit halber werde ich die Beschreibung lediglich in der männlichen Form belassen, dies soll niemanden diskriminieren und natürlich sind weibliche Personen genauso wie die männlichen angesprochen.

Der Einschüchterer ist normalerweise sehr laut und dominant. Viele Menschen fühlen sich in seiner Gegenwart unsicher oder sogar verängstigt.

Das gibt dem Einschüchterer Macht und somit Energie.

Der Vernehmungsbeamte ist ein wahres Genie, wenn es darum geht, Fragen zu stellen. Er fragt so viele verschiedene Fragen, bis er endlich etwas findet, das er kritisieren kann und auch mit Vorliebe tut. Die Verunsicherung, das Rechtfertigen und andere, für die kritisierte Person unangenehme Reaktionen sind gern gesehener Treibstoff für den Vernehmungsbeamten.

Der Unnahbare ist meist eine sehr mysteriöse Person. Er wird nicht viel von sich preisgeben, um das Interesse seiner Mitmenschen zu wecken. Sie nähern sich ihm an, stellen Fragen um mehr über ihn zu erfahren, doch er hält sie auf sicherer Distanz. Dies ist eine passivere Art des Energieraubs.

Das Arme Ich ist eine Person, die sich ständig selbst bemitleidet und kein Geheimnis daraus macht. Schlechtes widerfährt ihm ständig und das Mitleid, das er hierfür erntet ist sein Treibstoff. Das Arme Ich möchte keine Lösungen, denn dann kann es das Problem ja nicht mehr als Treibstofflieferant verwenden. Deshalb hat er in der Regel auch immer genügend Ausreden, um Lösungs-vorschläge abzulehnen.

Welche Art der Energieräuber bist du? Ich war eine Mischung aus Armen Ich und der Unnahbaren. Im Verlauf meiner Entwicklung war ich dann eher unnahbar und einschüchternd. Dankenswerter Weise bin ich heute meistens gut angebunden, sodass ich auf anderer Menschen Energien nicht mehr angewiesen bin. Gelegentlich falle ich aber zurück in alte Muster, jedoch merke ich das sehr schnell, denn die Energien anderer Menschen fühlen sich nicht wirklich gut an, denn sie sind nicht für mich bestimmt. Nicht so wie die, aus der Quelle, die nicht geraubt, sondern im Überfluss und gerne gegeben werden.

Wie geht man nun mit Energieräubern um? Wichtig ist nicht zu vergessen, dass sie dich nicht bewusst und absichtlich berauben. Sie haben zurzeit einfach keine andere Wahl.

Weißt du aber, wieviel du wert bist, dann weißt du auch, dass niemand das Recht hat dich zu misshandeln. Schreien und Angsteinflößen ist keine achtsame und respektvolle Art, mit anderen umzugehen, weswegen es dir egal sein sollte, wer dich so behandelt. Behandle andere mit Respekt und verlange respektvoll behandelt zu werden. Bist du in der Hinsicht authentisch – und mit dem richtigen Selbstwert wirst du das sein – dann wird es sehr schwer, dich einzuschüchtern.

Du bist ein Mensch und du machst Fehler, das ist völlig normal. Wenn also jemand einen Fehler, den du gemacht hast, entdeckt, dann steh dazu. Es ist auch völlig in Ordnung in einer respektvollen Art und Weise kritisiert oder in Frage gestellt zu werden. Du kannst dir die verschiedenen Meinungen anhören und deine eigene gegebenenfalls überdenken. Oder auch nicht, denn du bist eine fähige Person die sich ihre eigene Meinung bilden und dazu stehen kann. Jedenfalls kann man über alles reden. Wichtig ist, dass du deine Entscheidungen regelmäßig reflektierst und dich von ständig nörgelnden und andersdenkenden Menschen nicht verunsichern lässt. Wie gesagt, überzeugende Argumente können immer dazu führen, dass du deine Meinung änderst oder einsiehst, dass etwas nicht so gelaufen ist wie geplant. Das ist völlig in Ordnung und normal. Aber kritisiert zu werden, damit jemand auf deinen Fehlern, Entscheidungen und Meinungen herumreiten kann, ist Energie- und Zeitverschwendung und muss auf keinen Fall von dir toleriert werden.

Unnahbare Menschen sollten dein Interesse gar nicht erst wecken. Wenn ein Mensch sich dir öffnen möchte, dann solltest du ihn willkommen heißen. Möchte er das nicht, dann ist das auch in Ordnung. Du musst schließlich niemandem hinterherlaufen, damit er dir endlich einen Blick in sein Seelenleben gewährt. Warum? Weil du das nicht nötig hast. Du hast vermutlich Freunde und Familie und du hast ganz sicher dich selbst. Es besteht absolut kein Grund anderen deine Freundschaft auf einem Silbertablett zu servieren, die offensichtlich kein wahres Interesse daran haben. Niemand sollte das tun.

Arme Ichs sind ein wenig schwieriger. Hier gilt es, herauszufinden, wie weit diese Menschen auf ihrem Weg sind. Ein Armes Ich, das wirklich Hilfe sucht, sollte diese auch bekommen, aber wie erkennt man den Unterschied? Wahre Arme Ichs haben normalerweise ein „Ja, aber…" für jede Lösung die du ihnen anbietest. Sehr schnell wirst du merken, dass sie gar keine Lösung wollen, sie wollen Mitleid und somit deine Energie. Es kann gut sein, dass du für diese Menschen kein Mitleid mehr empfindest, sobald dir klar wird, worum es geht. Das fühlt sich im ersten Moment vielleicht erschreckend oder kalt an, aber das ist völlig in Ordnung. Mir tut es leid, dass diese Menschen noch so einen weiten Weg vor sich haben, aber ihren Energiebedarf zu füttern wird ihnen nicht dabei helfen, ihren Weg zu gehen. Im Gegenteil: Spare deine Energien für diejenigen auf, die bereit dafür sind.

All das mag möglicherweise etwas arrogant klingen, aber das ist es nicht. Es ist gesund. Du schützt dich und deinen Energielevel. Du kannst jederzeit deine Energie an andere weitergeben, solange du angebunden bist, aber gib sie gerne und freiwillig an die, die auf ihrem Weg sind und verstehen und wachsen wollen. Lass dir deine Energie nicht rauben, denn das ist ermüdend, überschreitet deine persönlichen Grenzen und senkt deine Energiefrequenz.

Dein Schutzkreis

Du kannst Menschen nicht verändern und du solltest es auch nicht versuchen, denn dazu hast du kein Recht. Niemand hat das. Du kannst lediglich dich selbst ändern. Jeder Mensch geht auf seinem Weg in seiner Geschwindigkeit und entscheidet zu wachsen und zu reifen oder auch nicht. Wenn eine Person meine Unterstützung benötigt, dann werde ich diese gerne geben. Es ist mir eine Ehre, denn es ist ein Zeichen großen Vertrauens mir gegenüber, für das ich sehr dankbar bin. Menschen, die sich unserer Meinung nach nicht ändern wollen, weil sie noch nicht soweit sind oder einfach kein Bedürfnis danach haben, sollten niemals dazu genötigt oder gedrängt werden. Sie entscheiden sich dafür, anderen die Entscheidungen zu überlassen und nicht aus dem Riesenradwaggon auszusteigen. Sie wählen ein vorbestimmtes Leben und diese Entscheidung sollte von niemandem in Frage gestellt oder verurteilt werden. Niemand kann jemals genau wissen, was in einem anderen Menschen oder in seinem Leben vorgeht und keiner von uns hört jemals auf, zu lernen. Vielleicht glauben wir, dass sie das falsche Leben leben, obwohl sie das gar nicht tun. Vielleicht sind sie tatsächlich vollkommen erfüllt. Doch auch wenn sie das nicht sind, ist es nicht unsere Entscheidung das zu ändern. Es ist einzig und alleine ihre.

Um zu unterscheiden, wann du irgendwo eingreifen sollst und wann nicht, kann es hilfreich sein, dir einen Kreis vorzustellen, der um dich herum geht. Innerhalb dieses Kreises befindet sich alles was dich betrifft; dein Leben, deine Familie, deine Freunde, deine Arbeit, deine Freizeit und so weiter. Wenn du also etwas mitbekommst, in das du dich gerne einmischen würdest, lass es bleiben so lange es nicht deinen Kreis betritt. Es ist völlig normal, dass ungefragte Hilfe nicht gedankt wird, im Gegenteil, manch einer fühlt sich dadurch auch belästigt. Natürlich bedeutet das nicht, dass du in sehr ernsten Situationen und Notfällen nicht eingreifst. Manchmal muss man sich einmischen, das ist ganz klar.

ଽ ● ଏ

Eine ehemalige Kollegin von mir war eine, mit Depressionen diagnostizierte, Arme Ich-Person. Anfangs wollte ich ihr helfen, weil ich nachvollziehen konnte, wie es ihr ging und warum. Sie war aber noch nicht soweit. Sie erhielt zu viel Energie von anderen Menschen und deren Mitleid für ihre Situation. Hätte ich mich eingemischt, hätte ich alles nur noch schlimmer gemacht. Wenn man Menschen, die noch nicht soweit sind, immer wieder auffängt, werden sie nie lernen Eigenverantwortung zu übernehmen. Vögel lernen das Fliegen nicht, wenn du sie nicht fallen lässt und Menschen können nicht geheilt werden, wenn sie nicht lernen, sich selbst zu helfen. Das ist natürlich nicht einfach. Du kannst ihnen immer eine Tür öffnen und einen anderen Weg zeigen, aber hindurchgehen müssen sie selbst. Als mir das bewusst wurde, stellte ich mir meinen Schutzkreis vor und entschied mich nichts zu tun, es sei denn sie betritt ihn und fragt mich nach Unterstützung. Würde sie nach wie vor ein armes Ich sein, würde ich mich distanzieren. Wäre sie bereit, an sich zu arbeiten, dann wäre ich sehr gerne für sie da und würde sie von da an auch jedes Mal auffangen. Sie betrat meinen Kreis nie und das ist auch in Ordnung. Ich war nicht die richtige Person für sie und ich hoffe, dass das Universum ihr genau den Menschen geschickt hat, den sie benötigte.

꙰ ● ꙮ

Erschaffst du dir nicht diese imaginäre Grenze, mischst du dich höchstwahrscheinlich aus den falschen Gründen in Situationen ein. Wie gesagt, ich spreche keineswegs von Notfällen! Es ist immer in Ordnung, deine Hilfe anzubieten und den Menschen zu verstehen zu geben, dass du für sie da sein kannst. Jedoch müssen diese Menschen freiwillig zu dir kommen ohne dass sie sich unter Druck gesetzt fühlen. Sie müssen diese Entscheidung treffen wann immer sie so weit sind. Ihnen hinterher zulaufen, würde deinem Ego zu viel Kontrolle geben. Das trifft nicht nur auf die Spiritualität zu, sondern auf alle Lebensbereiche. Es besteht niemals ein Grund sich anderen Menschen aufzuzwingen. Sich in deren Angelegenheiten einzumischen, ohne, dass sie dich um deine Meinung oder Unterstützung gebeten haben, ist genau das – ein Aufzwingen.

Lebe dein Leben in Liebe, verbunden mit deinem göttlichen Kern. Sei gutmütig und hilfsbereit zu dir selbst und zu anderen und die richtigen Menschen werden zum richtigen Zeitpunkt in dein Leben treten. Vertraue dem Prozess, höre nie auf an dir zu arbeiten, habe Vertrauen in die Quelle und glaube niemals, auch nur für eine Sekunde, dass all dies auf alle zutrifft, nur nicht auf dich.

Möchtest du das Leben leben, das für dich bestimmt ist? Eines voller Glück und Erfüllung? Dann reiß dich zusammen und verpasse dir einen ordentlichen Tritt in den Hintern. Und das meine ich in der liebevollsten Art und Weise, die möglich ist. Übernimm Verantwortung für dein Leben, höre damit auf, Anderen die Schuld zuzuschieben, heile dich und gehe deinen Weg. Du kannst nicht verändern, was alles in deinem Leben bisher passiert ist, also verändere das Jetzt, denn das ist das Einzige, was du jemals wirklich besitzt. Nutze den Moment weise. Jede Sekunde die du damit verbringst, zu hassen oder frustriert, neidvoll und traurig zu sein, bedeutet niedrig schwingende Energie, die du versendest und auch empfängst. Versuche also diese Gefühle möglichst gering zu halten, indem du alle bisher erläuterten Methoden anwendest.

Jede Seele hat ein Geburtsrecht auf bedingungslose Liebe und Glück. Du auch! Jede Seele ist ein Teil der göttlichen Quelle und deshalb von unschätzbarem Wert. Du auch! Jede Seele ist immer mit allen anderen Seelen und der Quelle verbunden. Deine auch!

Alles was wir in uns tragen ist somit auch in allem anderen. Achte auf die Gesundheit und Ausgeglichenheit deines Körpers, deines Geistes und deiner Seele. Vergiss nicht, dass du erntest, was du sähst und, dass du nicht in dunkle Löcher fallen musst, sollte das Leben mal schwieriger werden. Vergiss nicht, dass du immer eine Wahl hast und entscheide dich für den dominanten Pol, den mit der Energie die sich gut und richtig anfühlt. Je nach dem, wo dein Weg beginnt, hast du vielleicht noch einige Baustellen vor dir. Lass dir vom Universum und all seinen Wundern helfen, es wird dich führen, auch wenn Umwege manchmal notwendig sind. Vertraue dem Prozess und dem unglaublichen Netzwerk der göttlichen Quelle. Alles was du für das erfüllende und gesunde Leben, das du verdienst, benötigst, ist bereits in dir vorhanden. Fühle dich unendlich geliebt, denn genau das bist du.

Danksagungen

Danke an all meine Lehrer, die durch das Einnehmen unterschiedlichster Rollen dazu beigetragen haben, mir meine Lernaufgaben näher zu bringen. Mir ist durchaus bewusst, dass es einfachere Schülerinnen gibt, als ich eine war und bin.

Danke Mama und Papa, dass ihr mich nicht aufgegeben habt, obwohl meine Sicht der Dinge so anders und für euch nicht immer nachvollziehbar ist. Ich war nicht immer das angenehmste Kind und wir hatten unsere Schwierigkeiten, umso dankbarer bin ich heute, dass wir wieder zueinander gefunden haben.

Danke an meine Seelenschwester Ulli, dass du diesen Weg mit mir gingst und gehst, für deine Geduld, deine Liebe und dein Verständnis. Du hast meine dunkelsten Seiten, wie auch die hellsten gesehen und nie meine Seite verlassen. Du bist ein wundervoller und ganz besonderer Mensch und ich hab dich sowas von lieb!

Danke an Kai, Hagen und Erik, die wunderbarsten Söhne, die man sich wünschen kann. Ich entschuldige mich für Schwierigkeiten, die ich möglicherweise verursacht habe. Ich liebe euch sehr und bin stolz darauf eure Mutter sein zu dürfen.

Danke an Brian. Du unterstützt meine verrücktesten Ideen und begleitest mich durch die unterschiedlichsten Phasen. Du liebst mich genauso, wie ich bin, bist wunderbar und gutmütig und ich bin sehr dankbar, ein Teil deines Lebens sein zu dürfen.

Danke Wolfgang und Hagen für die Korrektur dieses kleinen Werkes und die sehr hilfreichen Anregungen.

Danke Richard, dafür, dass du ein toller Mensch und eine großartige Inspiration bist.

Danke an alle Autoren, die mir mit ihrer Literatur geholfen haben.

Danke Universum, für dieses wundervolle Leben, die Liebe, die Unterstützung und die Energie, mit der du mich und alle anderen Seelen immer segnen wirst.